Märchen von nah und fern

Rosemarie Tüpker

Märchen von nah und fern

Einfach erzählt
für die Arbeit in sozialen Kontexten

Waxmann 2020
Münster • New York

Bibliografische Informationen der Deutschen Nationalbibliothek
Die Deutsche Nationalbibliothek verzeichnet diese Publikation in der Deutschen Nationalbibliografie; detaillierte bibliografische Daten sind im Internet über http://dnb.dnb.de abrufbar.

Print-ISBN 978-3-8309-4206-1
E-Book-ISBN 978-8309-9206-6

Steinfurter Straße 555, 48159 Münster

www.waxmann.com
info@waxmann.com

Umschlaggestaltung: Anne Breitenbach, Münster
Titelbild: Elemente aus: Paul Klee: „Die Dorfverrückte“, Landau Fine Art, Montreal and Meggen, Photograph Courtesy of Sotheby's Inc. © 2017
Satz: MTS. Satz & Layout, Münster
Druck: CPI Books GmbH, Leck

Gedruckt auf alterungsbeständigem Papier, säurefrei gemäß ISO 9706

Printed in Germany

Inhalt

1. Einleitung

Märchen sind ein kultureller Schatz, auf den wir immer wieder zugreifen können. Sie sind eine Quelle, die nicht versiegt, auch wenn wir sie zwischendurch immer wieder einmal vergessen. Sie verbinden Menschen, die sich nicht kennen, und uns alle mit einer Zeit in uns, „in der das Wünschen noch geholfen hat." Viele Menschen hören Märchen zunächst als Kinder, lesen sie als Eltern oder Großeltern den Kindern und Enkelkindern vor und erinnern sich damit zugleich wieder an die eigene Kindheit. Hört man sie im hohen Alter, so können all diese Situationen mitschwingen und das aktuelle Erleben bereichern. Zum Umgang mit Märchen gehört, dass wir sie immer wieder hören mögen und doch zugleich immer wieder etwas Neues in ihnen entdecken können. Märchen, die wir zum ersten Mal hören, verbinden durch ihre bekannte Grundform das Vertraute mit etwas Neuem, das uns neugierig macht, berührt oder fasziniert.

Märchen sind schon lange kein mündlich überliefertes Kulturgut mehr, auch wenn das Märchenerzählen als Kunst sich wieder wachsender Beliebtheit erfreut und sich zunehmend professionalisiert. Nur die wenigsten Menschen trauen sich heute noch, Märchen in eigenen Worten wiederzugeben. Die meisten greifen zum Vorlesen auf die schriftlichen Aufzeichnungen der Märchen zurück und auch die heutigen Märchenerzähler*innen verwenden größtenteils die schriftlichen Vorlagen, insbesondere bei den Märchen der Brüder Grimm, die lebendig, aber dennoch meist textgetreu vorgetragen werden.

Da Sprache sich verändert, führt das dazu, dass wir mit den „alten" Märchen auch einen altertümlichen Sprachgestus verbinden. Das kann zur Charakteristik des märchenhaften „Vor langer, langer Zeit" passen. Es kann aber auch zum Problem werden, wenn die sprachliche Fassung des Märchens für Menschen schwer verständlich ist und ihnen dadurch der Zugang erschwert oder gar verstellt wird. Dies kann aus unterschiedlichen Gründen der Fall sein, etwa dann, wenn jemand Deutsch als Fremdsprache gelernt hat oder aufgrund einer Krankheit, Behinderung oder des Alters. Dann können einfachere sprachliche Fassungen eine Möglichkeit sein, dem Inhalt des Märchens besser folgen zu können. Denn Märchen sollen ja keine Mühe machen, sondern im besten Sinne unterhalten und nähren, erquicken und Genuss bereiten. Ein altertümlicher Sprachstil war zu Zeiten der mündlichen Überlieferung durchaus kein typisches Merkmal von Märchen. Durch ihre mündliche Überlieferung passten sie sich vielmehr den wechselnden Zeiten und Moden an, wie es an den Märchen erkennbar wird, die erst in jüngerer Zeit aufgezeichnet wurden. Ihre Aufzeichnung rückte die Märchen aus der Jetzt-Zeit heraus und verlagerte sie ins Frühere.

In diesem Buch werden Märchen in einer Sprache nacherzählt, die einfacher ist als das jeweilige „Original" und die denen entgegenkommen möchte, die – aus welchen Gründen auch immer – in ihrer Konzentration oder ihrem Sprachverständnis eingeschränkt sind. Sie sind zum Vorlesen oder selbst Lesen gedacht, für jedermann und jedefrau, aber auch für die Arbeit mit Märchen in verschiedenen sozialen Kontexten.

Ausgesucht wurden für diese Sammlung etwa zur Hälfte bekanntere deutsche Märchen aus den Sammlungen der Brüder Grimm und Ludwig Bechsteins sowie des dänischen Märchendichters Hans Christian Andersen, die auch in Deutschland bekannt und beliebt sind. Ein weiteres bekanntes Märchen stammt von Theodor Storm. Eine Unterscheidung in Volksmärchen und Dichtermärchen wurde bei der Zusammenstellung nicht getroffen, sondern ihnen ist gemeinsam, dass sie über mehrere Generationen bekannt sind.

Gegenübergestellt sind ihnen weniger bekannte Märchen aus fernen Ländern zu besonderen Themen wie dem Alter, dem Ende des Lebens, der Erfahrung des Hungers und der Sehnsucht. Ferner wurden auch Märchen ausgewählt, die sich für eine musikalische, spielerische oder darstellende Gestaltung eignen. Nicht aufgenommen wurden diejenigen Märchen der Brüder Grimm, die bereits in einfacher Sprache vorliegen (vgl. Strätling/Ottkowski, 2016).[1]

Bei den textlichen Vereinfachungen wurden Regeln der Einfachen Sprache berücksichtigt und Anregungen der Märchenerzählerin Gertrud Hempel aufgegriffen (Hempel, 2003, 327) wie die häufige Verwendung der wörtlichen Rede, das Ersetzen langer Sätze durch mehrere Hauptsätze, die Wiederholung und bei manchen Märchen das Springen in die erzählerische Gegenwartsform nach einer Einleitung, mit der das Märchen in der Vergangenheit verankert wurde. Anstelle der Nutzung von Personalpronomen wurden die handelnden Personen oft mehrfach genannt und auch

---

1 Dies sind die Märchen *Aschenputtel, Der Wolf und die sieben Geißlein, Die Bremer Stadtmusikanten, Die sieben Raben, Die Sterntaler, Dornröschen, Frau Holle, Hänsel und Gretel, Rapunzel, Rotkäppchen, Rumpelstilzchen, Schneeweißchen und Rosenrot, Schneewittchen, Tischlein, deck dich.*

sonst manchmal zugunsten von Wiederholung auf Varianz verzichtet, wodurch es einfacher wird, der Geschichte zu folgen. Bei alledem wurde versucht, die Poetik oder den Witz in der Sprache ebenso zu erhalten wie die besondere sprachliche Charakteristik eines Märchens. Manchmal galt es Kompromisse zu finden, weil insbesondere im Hinblick auf die Bekanntheit einzelner Begriffe die Perspektive der verschiedenen Zielgruppen unterschiedlich ist. So können z. B. altertümliche Begriffe für ältere Menschen, die das Märchen noch aus ihrer Kindheit kennen, möglicherweise unproblematisch, für Menschen mit anderen Muttersprachen oder mit kognitiven Einschränkungen aber eine Hürde sein.

Neben der privaten Verwendung eignen sich die vereinfachten Märchenerzählungen für unterschiedliche Gebiete der sozialen, pädagogischen oder therapeutischen Arbeit. Diese Verwendungsmöglichkeiten werden im *zweiten Kapitel* kurz skizziert. Je nach den Besonderheiten des eigenen Arbeitsgebietes gilt es im Einzelfall selbst zu entscheiden, wann eine vereinfachte Fassung, wann die bekannte Märchenbuchfassung passender ist. Auch das Private und Berufliche hat Schnittstellen, etwa wenn wir als Angehörige einem an Demenz erkrankten Menschen oder einem Kind mit kognitiven Einschränkungen vorlesen. Beim Verfassen der Märchentexte wurde ferner daran gedacht, dass sie von Laien, auch ohne größere Vorbereitung, gut vorgelesen werden können.

Das *dritte Kapitel* „Märchen hören – erzählen – vorlesen – lesen“ nimmt Bezug auf historische Veränderungen und aktuelle Diskussionen im Kontext des Umgangs mit Märchen und gibt einige allgemeine Anregungen zum Vortrag von Märchen für Menschen, die keine gelernten Märchenerzähler*innen sind.

Im *vierten Kapitel* finden sich die 21 Märchen in lockerer Reihenfolge und mit einer durchgehenden Nummerierung, die sich im *fünften Kapitel* mit den Hinweisen zu den einzelnen Märchen wiederholt. Zu jedem Märchen gibt es dort Auskünfte zu den Quellen und zur Verbreitung, psychologische Reflexionen zum Verständnis der Märchen und Vorschläge zu ihrer Verwendung und Gestaltung in den angesprochenen Arbeitsgebieten.

Die psychologischen Reflexionen sind stets als Anregungen zu den eigenen Empfindungen, Einfällen und Erfahrungen im Umgang mit dem Märchen zu verstehen. Es gibt keine objektive Deutung von Märchen. All das, was die Menschen, die ein Märchen vorlesen oder diejenigen, die es hören, mit dem Märchen an persönlichen Erfahrungen verbinden, ist gleich angemessen und gültig. All das, an was es erinnert, was es an Empfindungen und Gedanken auslöst, ist in gleichen Maße „richtig“ und Teil des Wirkungsraumes des Märchens. Die Märchen leben in diesen unterschiedlichen Resonanzen, die sie auslösen.

Auch die Gestaltungsbeispiele wollen am liebsten zum Erproben eigener Ideen ermutigen. Sie sind deshalb auch unterschiedlich ausführlich und lassen sich wechselseitig aufgreifen wie auch die manchmal gegebenen Musikempfehlungen, etwa für die Gestaltung von Märchennachmittagen im Altenheim. Sie erschienen mir deshalb sinnvoll, weil diejenigen, die dieses Buch nutzen wollen, vermutlich oft zeitliche Entlastung im Alltag gut gebrauchen können, die dadurch hoffentlich gegeben ist.

2. Arbeit mit Märchen in sozialen Kontexten

Der Begriff „Arbeit“ ist im Kontext von Märchen etwas zwiespältig und könnte in die Irre führen. Denn eigentlich sind Märchen eine alte Form der Unterhaltung und das sollen sie auch bleiben. Unterhaltung verbinden wir mit Freizeit, also dem Gegenstück der Arbeit. Dieses Buch richtet sich aber auch an Menschen, die als Pflegende und Betreuende in der Altenarbeit oder in der Arbeit mit Menschen mit Behinderungen tätig sind. Es ist gedacht für Menschen, die mit Geflüchteten arbeiten, für Musik- und Kulturgeragog*innen, Sozialpädagog*innen, Erzieher*innen und Lehrer*innen. Für sie geht es um einen beruflichen Kontext, wenn sie diese Märchen in ihrer Arbeit verwenden.

Es ist mir ein Anliegen, ausdrücklich auch in Vortragskünsten ungeübte Menschen dazu zu ermutigen, das Vorlesen von Märchen, die Einbindung in die Betreuung, die pädagogische, therapeutische oder pflegende Arbeit zu erproben. Ebenso sind die Märchen für diejenigen gedacht, die als Angehörige Märchen vorlesen möchten.

Beides, Arbeit und Unterhaltung, trifft sich im Moment der Begegnung, die durch Märchen, wie auch durch Musik, zwischen den Beteiligten gestaltet werden kann. Und wenn es gut läuft, haben alle Beteiligten daran Vergnügen und zwar eines, welches zugleich seelisch nahrhaft ist, Balsam für die Seele, Stärkung, Trost, Genuss und Erfrischung. Das Wort *Unterhaltung* erweist sich bei näherem Hinsehen[2] als durchaus passend für das, worum es in der „Arbeit mit Märchen“ in sozialen Kontexten gehen kann. Zwar wird es oft abfällig verwendet: „Das dient ja bloß der Unterhaltung.“ Das klingt nach dem Gegenteil von dem, was wichtig und bedeutsam ist: Bildung, Leistung, Arbeit, Medizin, Bruttosozialprodukt. Aber das Wort *Unterhaltung* meint auch das Gespräch, die Aussprache zwischen Menschen oder den Austausch in einer Gruppe. Institutionen, Konzerne, Staaten können gemeinsame Projekte *unterhalten*. Für den *Unterhalt* eines Menschen zu sorgen, meint, ihn zu ernähren, ihm das Leben zu ermöglichen. Ein *Feuer unterhalten*, bedeutet, es mit kleinen Stöckchen *zu speisen*, was zu der übertragenen Bedeutung des Aufrechterhaltens und Pflegens von Beziehungen im Begriff der Unterhaltung führte.

2 Zur Etymologie s. Digitales Wörterbuch der deutschen Sprache: www.dwds.de/wb/unterhalten. Abgerufen am 16. März 2020.

Märchen können in sozialen Kontexten Unterhaltung sein, durch die etwas *gehalten* wird. Die Aufmerksamkeit, der Kontakt, die Beziehung können mithilfe des Märchens *aufrechterhalten* werden. *Unter* dem Schirm eines Märchens kann vielleicht etwas einen *Anhalt* finden, was nicht mehr, noch nicht oder anders nicht mehr mitgeteilt werden kann. Das ist auch in der Musik so, weshalb hier Musik und Märchen mehrfach gemeinsam auftreten und ihrerseits eine Unterhaltung miteinander bestreiten.

Verwendung finden können die vereinfachten Texte in der Märchenarbeit mit alten Menschen, mit kleinen Kindern, in der intergenerativen Arbeit, also Zusammenkünften von alten Menschen und Kindern, in der interkulturellen Arbeit und in der Arbeit mit Menschen mit Beeinträchtigungen, auch in inklusiven Kontexten.

Manche Anregungen, die zu einzelnen Märchen gegeben werden, sind jeweils auch auf andere Bereiche übertragbar, ohne dass immer alle Bereiche genannt werden, da die menschlichen Situationen, um die es jeweils geht, sehr unterschiedlich sein können.

2.1 Märchen in der Arbeit mit alten Menschen

In der Arbeit mit alten Menschen[3], insbesondere auch mit dementiell Erkrankten, erscheint es auf den ersten Blick kontraproduktiv, nicht die „Originaltexte" bekannter Märchen zu verwenden. Wie in der Musik ist es ja gerade die Bekanntheit eines in der Kindheit oft gehörten Märchens, mit seiner Rhythmik und besonderen Sprache, welches einen Kontakt zur eigenen Erinnerung auslöst und damit eine Verbindung auch nach außen herstellt. Wie mit den alten Volksliedern machen auch Märchenvortragende manchmal die Erfahrung, dass demente Menschen wie bei einem Lied komplette Textabschnitte mitsprechen. Auch kann es als störend empfunden werden, wenn das Vorgetragene nicht mit dem Erinnerten übereinstimmt. In solchen Fällen ist es natürlich nicht sinnvoll, einen vereinfachten Text zu benutzen.

Menschen, die jeden Tag mit Menschen mit Demenz zu tun haben, machen daneben aber auch andere Erfahrungen. Sie bemerken, dass Texte

3 Um die Texte nicht zu kompliziert werden zu lassen, werden hier Bezeichnungen manchmal in einer Kurzfassung gebraucht: Mit alten Menschen sind meist die Bewohner*innen von stationären Alteneinrichtungen, der Tagespflege oder eines Treffpunktes für betreute Menschen gemeint. Das Wort „alt" schließt dabei die Wertschätzung für ein gelebtes Leben ein.

tatsächlich nicht mehr verstanden werden oder die Konzentration der Zuhörenden wegbricht. Oder es fällt ihnen schon beim Lesen selbst auf, dass einzelne Sätze zu verschachtelt, sperrig oder zu lang sind. Das spontan anzupassen, gelingt den Wenigsten. Auch manche zusätzlichen Verwicklungen und Nebengleise in einem Märchen können dazu führen, dass Menschen mit Demenz der Geschichte nicht mehr folgen können. Dafür sind die hier gebotenen Fassungen gedacht. Sie behalten die ursprüngliche Erzählstruktur bei, berücksichtigen insbesondere den Verlust des Kurzzeitgedächtnisses (etwa durch wiederholte Benennungen der Personen mit dem immer gleichen Namen oder Begriff) und finden Kürzungen und sprachliche Vereinfachungen, die das Zuhören und das Dabeibleiben-Können unterstützen. Sie erleichtern damit zugleich Betreuenden ein spontanes Vorlesen ohne große Übung.

Dass alte Menschen in einer Alteneinrichtung, auch Menschen mit einer Demenz, durchaus Freude und Gewinn aus Neuem ziehen, ist eine weitere Erfahrung, die relativiert, dass ausschließlich bereits Bekanntes geboten werden sollte (vgl. Marchand, 2012). Dabei spielen die Beziehung und die Atmosphäre eine wichtige Rolle. Mit einer suchenden, erprobenden und achtsamen Haltung dem alten Menschen und sich selbst gegenüber wird man den individuellen Bedürfnissen des Einzelnen gerechter als mit Vorgaben, die aus einem Denken in Kohorten stammen wie „vor 1940 Geborene lieben Volkslieder, haben in ihrer Kindheit Märchen erzählt bekommen" etc.

Menschen sind auch im Alter verschieden, haben unterschiedliche Biografien und Vorlieben und was auf die meisten zutrifft, kann dennoch für den einzelnen eine Quälerei sein. In einer altengerechten Pflege gehört es zumindest zum angestrebten Ideal zu berücksichtigen, ob jemand Frühaufsteherin oder Langschläfer ist, wie sie gerne gewaschen werden möchte oder was er gerne isst und trinkt. Das kulturelle und soziale Angebot sollte hinter einer solchen individualisierenden Betrachtungsweise nicht zurückbleiben, zumal sie hier meist leichter zu verwirklichen ist, da die Anforderungen des Alltags weniger eine Rolle spielen.

Gerade wenn man den Betreffenden nicht mehr selbst fragen kann oder keine klare Antwort erhält, braucht es dazu manchmal Mut, etwas auszuprobieren, um an der Reaktion zu erkunden, was passend ist. Die Ermutigung zum Ausprobieren beinhaltet, dass auch mal etwas nicht so gut gelingt. Wenn man das mit Humor und heiterer Selbstkritik zu nehmen weiß, ist das meist nicht schlimm. Wichtiger sind meist die Beziehung und die entstehende Atmosphäre und manchmal wird etwas heute begeistert angenommen und gefällt in der nächsten Woche nicht. Damit zu rechnen, erleichtert den Umgang mit solchen Erfahrungen.

In der Musiktherapie gab es zu diesen Fragen eine ausgiebige Debatte (vgl. Tüpker, 2001), die inzwischen zu der Offenheit geführt hat, dass das Singen alter Lieder genauso sinnvoll und therapeutisch sein kann wie das Trommeln in einer Gruppe, das Erlernen eines Instruments, das musikalische Mitgehen mit den frei hin und her springenden Gedankengängen eines Menschen mit einer Demenz in einem späten Stadium oder das leise Singen oder Summen freier Melodien. Auch das Kennenlernen neuer Instrumente, die schöne oder ungewohnte Klänge produzieren, wie die Sansula, die Oceandrum, eine fremde Flöte oder ein Streichpsalter wecken durchaus Neugier und können als anregend und wohltuend empfunden werden (vgl. Sonntag, 2016).

Veronika Uhlich betont einige typische Merkmale von Märchen, die sie für Menschen mit Demenz besonders geeignet machen: So kommt dem Erleben in der Demenz entgegen, dass die Erzählungen ohne feste Orte und Zeiten sind, ebenso die Flächenhaftigkeit und oft wenig ausgeschmückten Charaktere, die Platz für das Eigene lassen, die Einfachheit der Dialoge und der Handlungsstränge, wobei letzteres allerdings auch eine Frage der Auswahl ist (s. *Der Froschkönig*). Die Tatsache, dass im Märchen alles wahr ist, und man sich nicht um die Realität streiten muss, kommt einer validierenden Haltung entgegen. Die durch die Märchen ausgelösten inneren Bilder können archetypischer Natur sein und sind offen für das Ausfüllen mit den eigenen Lebenserfahrungen, die durch das Erzählen oder Vorlesen von Märchen aktiviert werden können (vgl. Uhlich, 2019, 76–87). Dies kann auch dann der Fall sein, wenn die Angesprochenen das Märchen nicht kennen.

So kann auch das Vorlesen oder die Gestaltung zunächst unbekannter Märchen eine Anregung sein, sich mit anderen über das Gehörte zu unterhalten, eigene Gedanken einzubringen, neue Bilder in sich entstehen zu lassen und damit durchaus eigene Erfahrungen zu verbinden. Neue Märchen können auch von Vorteil sein, wenn das Vorlesen der alten „Kindermärchen" als kindisch empfunden wird, wie dies z. B. bei einer beginnenden Demenz der Fall sein kann, in der die Energie darauf ausgerichtet ist, sich der auflösenden Tendenz der Erkrankung entgegenzustellen. Das ist natürlich ebenso zu akzeptieren und sollte nicht durch Belehrendes, etwa aus der Märchenforschung, beantwortet werden. Unbekannte Märchen können den Vorteil haben, dass sie mit der Einleitung und dem Gestus der Märchenform an Vertrautes anknüpfen und zugleich etwas Neues bieten.

Märchen in der Arbeit mit alten Menschen

Alle Märchen dieses Bandes können zu Märchennachmittagen, Märchenstunden oder Märchenabenden in Alteneinrichtungen zusammengestellt werden, bei denen mehrere Märchen vorgelesen werden. Das kann eine feste Veranstaltung im Wochenplan sein, durchgeführt z. B. von Mitarbeiter*innen des Sozialen Dienstes oder Betreuungsassistent*innen im Rahmen ihrer regulären Arbeit. Es kann eine Veranstaltung speziell für Menschen mit Demenz sein oder für die „Fitteren", für eine bestimmte Abteilung oder Station, für eine betreute Wohngemeinschaft, in der Tagespflege oder Geriatrie, etwa als „Märchenstunde am Mittwochnachmittag". Im Wechsel können bekannte und unbekanntere Märchen gelesen werden, immer mal wieder ein neues, aber manche vielleicht auch häufiger. Wie viel Wiederholung, wie viel Abwechslung gut ist, hängt vom Zustand der Bewohner*innen ab.

Selbst in einer festen Gruppe kann sich das immer wieder einmal ändern, etwa dadurch, dass ein neuer Bewohner hinzugekommen ist, eine Bewohnerin nicht mehr teilnehmen kann oder aber auch dadurch, dass alle Bewohner*innen immer älter werden. Nur an der Reaktion der Gruppe lässt sich daher die geeignete Mischung von Abwechslung und Wiederholung bestimmen. Eine weitere Gestaltung kann sich daraus ergeben, dass nur ein Märchen in den Mittelpunkt der Stunde gestellt wird und allerlei zu diesem Märchen hinzugenommen wird. Dazu findet sich ein ausführlicheres Beispiel bei dem Märchen *Hans im Glück*.

Einige allgemeine Hinweise:

- Die Dauer der Märchenveranstaltung kann zwischen 30 und 60 Minuten betragen.
- Die geeignete Gruppengröße hängt von der Verfassung der Teilnehmer*innen ab. Je *mehr* sie geschwächt oder in ihren Auffassungsmöglichkeiten eingeschränkt sind, desto *kleiner* sollte die Gruppe sein.
- Eine schöne Atmosphäre kann das Sitzen in einem Kreis schaffen. In der Kreismitte können Materialien, die zum Thema Märchen oder zur Jahreszeit passen, ein Zentrum bilden. Dazu reichen oft einfache Mittel. Bei den einzelnen Märchen finden sich teilweise Anregungen zu besonderen Gegenständen, die in der Mitte liegen oder auch herumgereicht werden können.
- Der Märchennachmittag, die Märchenstunde muss räumlich und zeitlich frei von Störungen sein. Das sollte am besten mit allen abgesprochen sein, denn sicherlich stört kaum jemand mit Absicht.
- Hilfreich können Ritualisierungen im Ablauf der Märchenstunde sein. Das schafft Sicherheit und Vertrautheit und macht dabei Platz für das

Unterschiedliche, was sich in dem vorgegebenen Rahmen abspielen kann.

- Eine Leitung zu zweit kann sinnvoll sein.
- Das Vorlesen kann abgewechselt werden mit freien Gesprächen, die durch offenes Fragen eingeleitet werden können.
- Zwischen den Märchen, zur Einleitung oder zum Schluss kann eine Musik gehört werden. Hierfür finden sich bei einigen Märchen besondere Empfehlungen.
- Die Länge der einzelnen Beiträge muss an die Konzentration der Gruppe angepasst sein.
- Die Vorlesezeit kann durch das Reichen von Getränken unterbrochen werden. Oder die Märchenstunde geht in das Kaffeetrinken oder Abendessen über.
- Ist die Gruppe nicht zu groß, ist das persönliche Begrüßen und Verabschieden jedes Einzelnen schön.
- Sowohl beim Vorlesen der Märchen als auch bei den Zwischenmusiken ist besonders auf die passende Einstellung von Hörgeräten zu achten, damit einerseits das Vorgelesene gut genug gehört wird und andererseits nicht technisch bedingte Störungen den Genuss zur Qual werden lassen (vgl. Wickel/Hartogh, 2006).
- Die Erfahrung, die aber sicherlich jede/r auch selbst noch einmal machen muss, zeigt die Richtigkeit des Satzes „Weniger ist Mehr.“: Das meint, dass man nicht möglichst viele Beiträge durchführen muss. Wichtig ist der Platz für das „Dazwischen“, also für die Beiträge und Bedürfnisse der Einzelnen. Meist wird dies am Anfang dadurch erreicht, dass man zur eigenen Sicherheit vielleicht mehr vorplant als man dann wirklich braucht. Daher ist es wichtig, Geplantes entspannt wieder fallenlassen zu können und sich bewusst zu machen, dass nichts wichtiger ist als die guten Momente, die für die Einzelnen und die Gruppe entstehen.
- Konflikthaft kann es dabei sein, dass die Bedürfnisse der Einzelnen in einer Gruppe unterschiedlich sein können, so dass es manchmal nicht ganz einfach ist, zwischen ihnen zu vermitteln und eine gute Mischung für alle zu finden. Sollte dies auf Dauer nicht gelingen, so kann dies daran liegen, dass in der Gruppe z. B. Menschen in sehr unterschiedlichen Phasen dementieller Erkrankungen oder mit anderen Einschränkungen sind. Dann kann es sinnvoll sein, die Zusammensetzung der Gruppe zu ändern.
- Eine etwas ausführlichere Gestaltungsanregung für diesen Arbeitsbereich findet sich bei dem Märchen *Hans im Glück*.

Alle hier aufgeführten Märchen eignen sich ebenso für das Vorlesen in der Einzelbetreuung sowohl durch Betreuungskräfte als auch durch Angehörige im privaten Zusammensein.

Mehrere Märchen dieser Sammlung nehmen Bezug auf das Alter. Im *Märchen vom alten König* ist es ein alter Mensch, der auf eine sehr einfache Art sein Glück findet. Ebenso in dem japanischen Märchen von dem alten Mönch *Das Glöckchen*, in dem die buddhistische Vorstellung vom Glück dessen, der nichts mehr begehrt, anklingt. In *Die sieben Reiskörner* ist es eine alte Frau, die den beiden Geschwistern durch ihre Zauberkünste und ihre Treue ein Leben ohne Hunger beschert und auch in den beiden Märchen *Die Erschaffung der Geige* und *Der süße Brei* gibt es eine hilfreiche alte Frau.

Witzig und Konventionen durchbrechend findet sich bei *Die Kobolde von Cornwall* das Recht alter Menschen auf Vergnügen und Übertreten gesellschaftlicher Normen verteidigt. *Das ewige Lied* bezieht, anders als die meisten Märchen, die mit dem Erreichen des Erwachsenenalters enden, ein ganzes Leben und schließt den Tod in die Erzählung ein. Auch das Andersenmärchen *Das kleine Mädchen mit den Schwefelhölzern* handelt vom Tod und ist zugleich traurig und tröstlich in der Rückkehr des kleinen Mädchens zur Großmutter. *Hans im Glück* thematisiert auf märchenhafte Weise Alt-Werden und Demenz als ein glückliches Aufgeben materieller Güter und die Heimkehr.

Damit ist allerdings nicht gemeint, dass nur diese Märchen für die Altenarbeit geeignet sind, denn im Alter ist ja das gesamte frühere Leben inbegriffen, so dass auch „jüngere Themen“ gerne gehört werden und ebenso passen können.

2.2 Märchen für die intergenerative Arbeit

Märchen eignen sich besonders gut für die intergenerative Arbeit, die sich zunehmender Beliebtheit erfreut (Greger, 2001; Ganß/Narr, 2010). Meist sind sie als gemeinsame Veranstaltungen für alte Menschen und Kinder organisiert. Für alte Menschen, die in Einrichtungen wohnen und leben, bringen sie Belebung und Austausch und den Kindern, über die eigene Familie hinaus, eine sinnliche Erfahrung der Lebensspanne. Hier zeigt sich, dass Märchen etwas sind, was Jung und Alt verbindet. Besonders für die Begegnung von kleineren Kindern mit alten Menschen können Märchen ein gutes Ausgangsmaterial sein, um miteinander in Kontakt zu kommen.

Ein Märchennachmittag kann ein niedrigschwelliges offenes Angebot einer Alteneinrichtung für Jung und Alt sein, zu dem mehrere Generationen eingeladen werden können. Eine Kita-Gruppe kann für einen Besuch in einer Alteneinrichtung ein Märchen vorbereiten und es z. B. szenisch vorführen und dadurch mit einer Gruppe von alten Menschen in Kontakt treten. Eine Märchenstunde kann Teil eines Tages der offenen Tür sein, den eine Alteneinrichtung zum Kennenlernen veranstaltet. Hierfür bietet sich eventuell auch die Einladung einer Märchenerzählerin an.

Bei dem Märchen *Hans im Glück* findet sich ein ausführlicheres Beispiel einer intergenerativen Märchenstunde, die von Seiten der Kindergruppe etwas langfristiger vorbereitet wird. Weitere besonders geeignete Märchen sind *Die Kobolde von Cornwall, Der kleine Häwelmann* und *Der Wassermann.* Auch die bei einigen Märchen angegebenen Lieder können von der Kindergruppe vorbereitet werden und es können Materialien mitgebracht oder Bilder gemalt werden.

Nicht zuletzt bieten die hier zusammengetragenen Märchentexte im privaten Rahmen die Möglichkeit, dass ältere Menschen ihren Enkeln oder Urenkeln etwas vorlesen oder dass der Besuch der Großmutter oder des Urgroßvaters im Altenheim durch das Vorlesen eines Märchens gestaltet werden kann. Wenn die Eltern, also die Generation dazwischen, bei einem solchen Besuch ein Märchen vorlesen, kann dies dabei helfen, den Besuch für alle Seiten angenehmer zu machen und Situationen überbrücken helfen, in denen das Gespräch versiegt oder die Zeit stehen zu bleiben scheint, weil die Lebenstempi so unterschiedlich geworden sind.

2.3 Märchen in Kita und Grundschule

Fast alle hier aufgeführten Märchen eignen sich für die Arbeit in Kita und Grundschule. Eine Ausnahme bildet möglicherweise das für Kinder nicht gut verständliche Märchen *Das ewige Lied,* eventuell auch das sehr melancholische Märchen *Das kleine Mädchen mit den Schwefelhölzern.* (Näheres dazu s. Abschnitt 5.12.) Neben dem schlichten Vorlesen bietet sich oft die szenische Umsetzung der Märchenstoffe an. Zur Ergänzung finden sich bei den folgenden Märchen Lieder, die gesungen werden können: *Hans im Glück, Das tapfere Schneiderlein, Die Kobolde von Cornwall* und *Der Froschkönig.* Sicherlich lassen sich auch aus dem sonstigen Repertoire der Lieder, die in der Kita oder einer Klasse bekannt sind, einige den Märchen zuordnen. Eine weitere Möglichkeit besteht im Malen der Figuren oder Szenen der Märchen.

Bei der szenischen Umsetzung, die sich über einen etwas längeren Zeitraum erstrecken sollte, muss nicht immer das ganze Märchen aufgegriffen werden und sie muss nicht immer entlang der Geschichte stattfinden, sondern kann sich auch auf einzelne Szenen des Märchens beziehen.

Konkrete Anregungen für die Arbeit mit Kindern finden sich bei den Märchen *Hans im Glück, Die Erschaffung der Geige, Das tapfere Schneiderlein, Der süße Brei, Der Froschkönig, Die sieben Reiskörner, Der Wassermann* und *Der Tempel der tausend Spiegel.*

Eine weitere Verwendung in der Grundschule kann darin bestehen, ein Märchen als Lesestoff mitzugeben. Auch dafür ist es gut, dass die Texte gegenüber den Originaltexten einfacher zu lesen sind. Bestehen größere Leseschwierigkeiten, so eignen sich die Texte in Leichter Sprache, die für die Märchen *Das Märchen vom alten König, Das Glöckchen, Das hässliche Entlein, Der Wasser-Mann, Die weiße Taube* und *Die Bremer Stadt-Musikanten* jeweils an die erste Version des Märchens (Kapitel 4) angefügt sind. Auf diese Weise wäre für den inklusiven Unterricht, auch an Regelschulen, eine angepasste Aufgabenerteilung für unterschiedliche Lernstände möglich.

2.4 Märchen in der interkulturellen Arbeit

Märchen sagen etwas über einen bestimmten Kulturraum aus und haben dennoch oft auch eine interkulturelle Note. Das zeigt die Vergleichende Märchenforschung, die sich mit Herkunft, dem Wanderleben und der Verbreitung der Märchen beschäftigt (Ranke, Brednich et al., 1977–2015). Märchen erzählen aber auch etwas über die existentiellen Grundthemen der Menschen, ihre Stoffe sind daher gut für die interkulturelle Zusammenarbeit und Verständigung geeignet. Ihre Erzählformen weisen Varianten auf, über die man sich austauchen kann, wie etwa die unterschiedlichen Traditionen der Eingangs- und Schlussformeln. Märchen können so Brücken bauen und zu Gesprächen auf einer persönlichen Ebene anregen, zum Austausch darüber, was überall gleich ist und was verschieden ist.

Alle hier nacherzählten Märchen eignen sich für eine Verwendung in der interkulturellen Arbeit sowohl für Kinder (vgl. 2.3) als auch für Erwachsene. Sie können vorgelesen, szenisch gespielt oder auch selbst gelesen werden und zu Gesprächen anregen. Vielleicht kommt dabei heraus, dass eines von Grimms Märchen auch einem Menschen aus einem ganz anderen Sprachraum bekannt ist. Immerhin wurden die Kinder- und Hausmärchen der Brüder Grimm in über 160 Sprachen, die Andersen-Märchen in über 120 Sprachen übersetzt.

Auch die Märchenverfilmungen machen viele der hier nacherzählten Märchen international bekannt. Oder es stellt sich heraus, dass es im eigenen Land eine etwas andere, aber verwandte Erzählung gibt, denn einige der uns aus den deutschen Märchenbüchern bekannten Stoffe stammen aus anderen Ländern.

Für mich als Autorin waren auch meine Erfahrungen mit Märchentexten und Menschen, die gerade Deutsch lernen, Anlass dafür, vereinfachte Märchenfassungen zur Verfügung zu stellen. Denn die „klassischen" Märchentexte sind selbst für Menschen, die schon recht gut Deutsch sprechen, eine eher sperrige Angelegenheit. Sie stolpern über Wörter, die sie noch nie gehört haben und die nicht im verwendeten Wörterbuch stehen. Sie haken sich fest an Satzkonstruktionen, die höchst ungewohnt sind und zur Lernherausforderung machen, was eher als vergnügliche Unterhaltung mit dem Nebeneffekt des Lernens gemeint war. Mit den *Burschen*, *Knaben*, dem *Weib, das ein Kind gebar*, dem *Oheim*, *Lehnsherrn* und den *Knechten* und *Mägden* würde man noch dazu Begriffe lernen, die man im Alltag nicht verwenden könnte, ohne komisch angeschaut zu werden. Wie auch die Sprache in Märchen jüngeren Aufzeichnungsdatums, in denen es auch schon einmal Bikinis, Sozialarbeiter und Pässe gibt, macht gerade der Blick der Nicht-Muttersprachler deutlich, dass die Sprache der verschriftlichten Märchen die lebendigen Wandlungsprozesse der Alltagssprache nicht mitmachen konnte. Die Aufzeichnung von Grimms Märchen liegt nun schon fast zweihundert Jahre zurück und sie wurden oft nur hinsichtlich der Rechtschreibung aktualisiert.

Die hier vorgelegten Textfassungen berücksichtigen diese Fragen, ohne dass eine konsequente Modernisierung der Märchentexte intendiert gewesen wäre. Ihr Charakter des Erzählens aus „alten Zeiten, als das Wünschen noch geholfen hat" soll ja durchaus erhalten bleiben. Und natürlich sind die Könige und Prinzessinnen in den Märchen auf einer symbolischen Ebene zu verstehen und werden hier nicht als Angriff auf die Demokratie verstanden. Zum eigenen Anpassen der vorgelegten Texte an das zu erwartende Sprachverständnis einer Gruppe, mit der man arbeitet, sei dennoch ausdrücklich ermuntert.

2.5 Märchen in der Arbeit mit Menschen mit Beeinträchtigungen

Gedacht sind die vereinfachten Märchentexte auch für die „Behindertenarbeit“. Gerade für Menschen mit kognitiven Beeinträchtigungen können die hier angewandten Prinzipien der textlichen Vereinfachung eine Hilfe sein, die Aufmerksamkeit und Konzentration beim Vorgelesen-Bekommen zu erhalten, sei dieses nun im privaten Rahmen oder in den verschiedenen Lern- und Lebensräumen.

Auch zum Selbstlesen sind die Märchenfassungen verwendbar, sie entsprechen allerdings nicht den Regeln für Leichte Sprache, wie sie vom Netzwerk für Leichte Sprache erarbeitet wurden.[4] Dies hätte den Erzählfluss zu sehr eingeschränkt und auch die veränderte Rechtschreibung, die in der Leichten Sprache üblich ist, entsprach nicht der Gesamtintention des Buches. Von fünf Märchen, bei denen dies gut möglich war, wurde aber eine zweite Fassung nach den Regeln der Leichten Sprache formuliert und auch vom Schriftbild her entsprechend gesetzt: *Das Glöckchen* (4.4), *Das hässliche Entlein* (4.11), *Der Wasser-Mann* (4.16), *Die weiße Taube* (4.20) und *Die Bremer Stadtmusikanten* (4.21). Das *Märchen vom alten König* (4.3) wurde von einem geistig behinderten Menschen geschaffen und ist daher von sich aus für diesen Bereich geeignet.

Viele der bei den einzelnen Märchen angegebenen Gestaltungsvorschläge sind auch auf diesen Arbeitsbereich anwendbar, abhängig natürlich auch vom Alter. Ebenso ist im Hinblick auf die psychologischen Reflexionen mitzudenken, dass die dort angesprochenen Themen auch dann mitschwingen, wenn sie nicht bewusst werden. Das gilt natürlich für alle Menschen, soll aber hier noch einmal gesondert erwähnt werden, um gegebenenfalls den Mut zu finden, über ein Märchen auch schwierigere menschliche Erlebensweisen zu thematisieren, die Menschen mit Behinderung ebenso kennen wie alle anderen.

Weitere Märchen in Leichter Sprache finden sich bei Katharina Gernet (2017a und 2017b).[5]

4 Regeln Leichte Sprache des Netzwerks für Leichte Sprache: https://www.leichte-sprache.org/wp-content/uploads/2017/11/Regeln_Leichte_Sprache.pdf. Abgerufen am 13. März 2020.

5 Und zwar die folgenden Märchen der Brüder Grimm: *Aschenputtel*, *Der Froschkönig*, *Frau Holle*, *Rotkäppchen*, *Rumpelstilzchen* und *Sterntaler*.

2.6 Märchen und Musik

Bei einzelnen Märchen finden sich Vorschläge, wie sie von Musik umrahmt werden können. Dabei wurden Aufnahmen ausgewählt, die mit geringem Aufwand bei Spotify, Deezer, Google Play, Amazon oder anderen Anbietern verfügbar sind. Oft reicht dazu die Anmeldung als Benutzer, manchmal sind geringe Gebühren für einen Titel zu bezahlen. Die Titel können einzeln heruntergeladen und vom Laptop, Smartphone oder via USB-Stick von einem MP3-Player abgespielt werden. Dazu lässt sich gegebenenfalls die vielleicht vorhandene Musikanlage nutzen. Wird die Musik vom Smartphone oder Laptop abgespielt, sollte ein geeigneter zusätzlicher Lautsprecher verwendet werden, da die Audioqualität für die Wiedergabe sonst nicht ausreichend ist. Je nach Raumgröße reichen aber oft die sogenannten „Brüllwürfel“ oder „Soundstationen“, die als Bluetooth-Boxen über eine kabellose Audioübertragung verfügen oder über MP3 und USB-Stecker angeschlossen werden können. Es kommt nicht auf eine große Lautstärke oder einen voluminösen Klang an, zu achten ist allerdings unbedingt auf eine Wiedergabe ohne Störgeräusche.

Die Vorschläge wurden zur Erleichterung im Arbeitsalltag und für diejenigen gemacht, für die eine eigene Suche nach der passenden Musik zu kompliziert wäre. Selbstverständlich können anstelle der Vorschläge auch eigene Ideen umgesetzt oder erprobt werden. Auch kennt man vielleicht die Wünsche und Vorlieben derer, mit denen man arbeitet, so dass man auf diese Weise etwas Passendes findet.

Märchen können ebenso mit live gespielter, auch improvisierter Musik, abgewechselt werden, wenn diese Möglichkeit personell zur Verfügung steht. Für einige Märchen gibt es Lieder, die selbst gesungen und vielleicht mit der Gitarre begleitet werden können. Es muss auch nicht immer ein direkter inhaltlicher Zusammenhang gegeben sein. Wenn es in einer Gruppe oder Einrichtung ein Liederrepertoire gibt, so sollte man sich nicht scheuen, Lieder zwischen den Märchen zu singen, die einfach von der Stimmung her passend erscheinen. Es sind vor allem der Wechsel zwischen dem Hören eines Märchens und dem Singen, der Zwischenraum zwischen Märchen und der Musik, die besondere Wirkungen erzeugen können. Das gelingt oft, ohne dass sich das rational begründen lässt.

3. Märchen hören – erzählen – vorlesen – lesen

3.1 Märchen hören

Volksmärchen sind ein Teil der Kulturgeschichte des mündlichen Erzählens, wie es auf der ganzen Welt zu finden ist (vgl. MacDonald, 1999; Merkel, 2015). Als die Menschen noch nicht lesen konnten, hatten sie die Geschichten, die die Märchen erzählten, *im Ohr* wie die Musik, die sie zu besonderen Anlässen zu hören bekamen. Die Erinnerung an die Geschichten war verbunden mit der Erinnerung an die Atmosphäre des gemeinsamen Hörens und Erlebens, dem Zusammenrücken am wärmenden Feuer, der Zusammenkunft auf einem Markt oder dem Erzählen beim Spinnen und Weben. Märchen wurden untereinander weitererzählt, nach eigenem Verständnis verändert, neue Stoffe durch die reisenden Märchenerzähler aufgenommen. Erst waren sie nur etwas für Erwachsene, erst später kam hinzu, dass auch Kindern Märchen erzählt wurden.

Auch wenn die meisten Märchen heute in schriftlicher Form vorliegen, verbinden viele Menschen mit ihnen etwas Gehörtes. Die Formen haben sich auch in den letzten hundert Jahren noch einmal verändert: Während die heute älteren Menschen sich beim Thema Märchen in ihrer Kindheit eher an die Situationen erinnern, in denen ihnen Märchen vorgelesen wurden, oft abends vor dem Schlafengehen, kommt danach eine Generation, die mit Märchen vor allem das Hören von Märchenkassetten verbindet. Die Kassetten wurden meist alleine gehört, nicht selten so oft, dass man einzelne Stellen noch heute auswendig kann und genau die Stimmen im Ohr hat, oft einschließlich der Musik, die auch vorkam. Auch das war eine „gemütliche" Situation, ein Übergang von der Aktivität zur Ruhe. Hinzu kamen die Märchenfilme: die der Augsburger Puppenkiste, die tschechischen Märchenfilme oder Filme aus der Disneywelt mit animierten Figuren. Bis heute ist diese Form in den Mediatheken der Fernsehanstalten stets verfügbar.

Die literaturwissenschaftlich wichtige Unterscheidung zwischen den *Volksmärchen*, also denen, für die es keinen Autor gibt und die aus dem unbestimmbaren *Wir* einer Kultur überliefert sind, und den *Kunstmärchen*, die von einem Dichter geschrieben wurden, verschwimmt in der Erinnerung vieler Menschen. Wenn Mutter oder Vater im Kinderzimmer Märchen vorlasen, so war diese Unterscheidung für die zuhörenden Kinder irrelevant, ebenso wenn man eine Märchenkassette hörte. So werden z. B. gerade die hier aufgenommenen Märchen Hans Christian Andersens in der Erinnerung oft nicht ihm als Autor zugeordnet.

Das Gehörte lebt in der Verinnerlichung weiter und erfährt mit der Zeit eine Verwandlung. Das gilt insbesondere für die als Kind gehörten Märchen und wird deutlich, wenn man Menschen bittet, ein Märchen aus der Erinnerung nachzuerzählen.

Das Seelische macht etwas mit den Märchen: Es baut sie in die eigenen Lebenserfahrungen ein und mit den eigenen Erfahrungen immer wieder um, auch wenn wir das nicht bewusst mitbekommen. Die Psychoanalyse geht davon aus, dass der Traum, den wir am Morgen erinnern (manifester Traum), schon eine Verwandlung dessen ist, was und wie wir es in der Nacht geträumt haben (latenter Traum). Vergleichbar damit ist die Fassung eines Märchens, an die wir uns als Erwachsene erinnern, oft anders gegenüber dem, wie wir es als Kind hörten und erlebten. Wenn wir ein Märchen erneut hören, kann es durchaus sein, dass die verschiedenen Fassungen miteinander im Widerstreit liegen oder wir uns wundern, wie das Märchen nun „wirklich" geht. Psychologisch betrachtet lebt auf diese Weise die mündliche Märchentradition in dem erinnerten Märchen fort. Das „wirkliche Märchen" ist eine Illusion. Auch wenn es aufschlussreich sein kann, darüber nachzusinnen, in welche Richtung unser Unbewusstes den vermutlich gehörten Märchentext verändert hat, gilt auch hier, dass alle Fassungen gleich wirklich und wirksam sind. Das im Blick zu haben, ist auch für die hier angesprochene Arbeit mit Märchen wichtig, um allen erinnerten Fassungen gegenüber anerkennend zu sein und sie mit Interesse und ohne Korrekturimpuls aufzunehmen.

Das gilt noch einmal mehr für die Deutung oder Interpretation eines Märchens. Wie in der Musik kann man verschiedener Meinung darüber sein, wie das Märchen vorzutragen ist und was es bedeutet. Anknüpfend an die bekannte Aussage „Kunst entsteht im Auge des Betrachters"[6] lässt sich für das Märchen formulieren: „Das Märchen entsteht im Herzen der Hörer".

Auch die aus der Fachliteratur bekannten Märchendeutungen sind *nicht objektiv*, sondern geben die persönliche Hörweise des Märchens durch den Autor oder die Autorin wieder, oft bereichert durch ein breites historisches

6 Diese Aussage kennzeichnet ein bestimmtes Paradigma in den Kunstwissenschaften. Sie wird verschiedenen Autoren zugeschrieben, ein Erstautor ist nicht bekannt.

und kulturwissenschaftliches Wissen und zugleich eingeschränkt durch kulturwissenschaftliche, religionswissenschaftliche oder psychologische Paradigmen, mit denen nun einmal jede/r bewusst oder unbewusst verbunden ist. Mit den hier verwendeten tiefenhermeneutischen Analysen (Tüpker, 2011) wurde versucht, dies um eine *intersubjektive Perspektive* zu erweitern, die sich auf das konkrete Erleben mehrerer Menschen stützt, was spannenderweise oft zu deutlich anderen Schwerpunkten in der Deutung führt. Beschrieben wird dafür das aktuelle Erleben des gerade gehörten Textes und zwar aus der Perspektive von Erwachsenen, die eine bestimmte Lebenserfahrung haben, in der heutigen Zeit und in einem bestimmten kulturellen Umfeld leben. Bei bekannten Märchen kommen Erinnerungen an frühere Erlebnisse mit dem Märchen als Kind hinzu oder solche, die man beim Vorlesen für Kinder oder Enkelkinder gemacht hat. Diese mischen sich mit den spontanen Eindrücken beim Hören des Märchens und mit dem, was die anderen in einer Beschreibungsgruppe erzählen. Fremde Märchen werden vor der Schablone bekannter Märchen gehört, auch unbewusst spielt dieses Muster in das Erleben hinein. Das wird deutlich an Bemerkungen wie: „Das passt irgendwie nicht.“, „Das ist ja gar kein richtiges Märchen.“ oder „Das Ende ist aber komisch.“

Auch die Ergebnisse der tiefenpsychologischen Untersuchungen zu einzelnen Märchen geben daher nie eine objektive, zeitlose Bedeutung eines Märchens wieder. Sie können das eigene Verständnis erweitern, sollten aber immer vor dem zurücktreten, wie man selbst das Märchen hört und erlebt. Wie das Märchen *früher*, vor zweihundert oder dreihundert Jahren gehört und verstanden wurde, darüber erfahren wir mit diesen Untersuchungen ebenso wenig wie mit den Deutungen der Autor*innen. Wir können es bestenfalls erahnen oder durch kontextuelles Denken versuchsweise rekonstruieren. Das gilt noch einmal mehr bei Märchen aus einem anderen, uns nicht so vertrauten Kulturkreis. Worüber wir aber umso mehr erfahren, ist die offensichtlich zeitüberdauernde Stärke der Märchen. Denn es ist eine höchst erstaunliche Erfahrung in diesen Untersuchungen, wie sehr sich diese alten Geschichten mit dem heutigen Leben und den aktueller Erfahrungen von Menschen verbinden.

Man kann den Verlust der mündlichen Erzähltradition in der Kultur auf verschiedenen Ebenen beklagen und wer sich an die Mutter erinnert, die abends Märchen vorgelesen hat, wird vielleicht die Märchenkassette oder den Märchenfilm als weniger wertvoll, als nicht so ursprünglich empfinden. Wer stundenlang Kassetten gehört hat, denkt vielleicht, dass die Märchenfilme zu sehr festlegen. Aber die Märchen sind zäh, sie überleben und leben in all diesen Formen weiter, kehren wieder in neuem Gewand, nehmen die Farben und Eigenheiten ihrer Umgebung und Erzählformen an und bieten viele Möglichkeiten der Weitergabe menschlicher Erfahrungen über die Generationen und auch über kulturelle Grenzen hinweg. Viele Märchen tauchten vor ihrer Aufzeichnung in verschiedenen Ländern und Sprachen auf, wurden über die Ländergrenzen weitergetragen, andere bewahrten die ganz eigenen Geschichten bestimmter Gegenden. Wahrscheinlich gibt es auch einzelne Märchen, die verloren gingen, aber von denen wissen wir nichts.

Nach meiner Auffassung sind Märchen ein Schatz, aus dem sich alle bedienen dürfen. Man muss nicht vorsichtig mit ihnen umgehen, ist ihnen keine Texttreue schuldig, man tut ihnen nichts an, wenn man sie nicht perfekt erzählt, vorliest oder mit ihnen etwas Neues macht.

3.2 Märchen erzählen

Johannes Merkel, Autor der Kulturgeschichte des mündlichen Erzählens, zeigt auf, wie mit der Fähigkeit des Lesens die Tradition des Erzählens abnahm und in die ländlichen Regionen zurückgedrängt wurde. Er vertritt die Auffassung, durch die audiovisuellen Massenmedien sei die Erzählkunst verloren gegangen. Seit den 1970er Jahren allerdings wurde die Tradition des Märchenerzählens in Deutschland und einigen anderen Ländern wieder neu belebt und gepflegt (Merkel, 2015, 501). 2010 wurde das Märchenerzählen für Österreich zum immateriellen Kulturerbe erklärt, 2016 für Deutschland. Bereits 2005 gab es diese Anerkennung für die Kinder- und Hausmärchen der Brüder Grimm. Unter dem Begriff *Story Telling* ist weltweit ein Revival des Erzählens und auch Neu-Erfindens von Geschichten zu verzeichnen, durch das auch das traditionelle Erzählen in den verschiedenen Kulturen, einschließlich der Märchen, in den Blick genommen wird. (MacDonald, 1999)

Inzwischen gibt es im deutschsprachigen Raum wieder zahlreichen Märchenerzähler*innen, die die Kunst des Erzählens von Märchen auf unterschiedlichem Niveau anbieten.[7] Es gibt mehrere Ausbildungen, Zertifikate und durchaus unterschiedliche Traditionen und Diskurse über die *rechte* Art des Erzählens. Für die meisten Menschen, die sich dem Erzählen von Märchen widmen, ist dies eine Tätigkeit neben ihrem Broterwerbsberuf,

7 Zum interkulturellen Überblick sei auf das Werk „Traditional Storytelling Today" von MacDonald (1999) verwiesen.

oft auch eine Leidenschaft, der man sich nach der aktiven Berufszeit widmet. Einige widmen sich dem Märchenerzählen als hauptberuflich ausgeübte Kunst. Die *Europäische Märchengesellschaft* listet für Deutschland über hundert Märchenerzähler*innen auf, wobei längst nicht alle Märchenerzähler*innen dort geführt werden.[8] Der *Mutabor Märchenstiftung* in der Schweiz sind über 400 ausgebildete Märchenerzähler*innen angeschlossen.[9]

Die neue Bewegung des Märchenerzählens will das freie Erzählen wieder aufleben lassen. Sie schafft aber eine im Grunde neue Form, da es historisch kein Zurück vor die Aufzeichnung der Märchen gibt. Sind sie einmal in verschriftlichter Form in der Welt, gibt es die alte Form der mündlichen Überlieferung nicht mehr. Vielmehr findet notwendigerweise eine Auseinandersetzung über Fragen der Texttreue und der Vortragsart statt, zu der sich unterschiedliche Positionen finden lassen wie in anderen Bereichen der darstellenden Künste auch. Eine zusammenfassende Darstellung über die neueren Entwicklungen fehlt bisher, auch Merkel verzichtet im kurzen Abschnitt über die „neuen Erzähler in der Medienlandschaft" auf einen Überblick und bietet stattdessen eine subjektiv wertende bzw. abwertende Darstellung, die weder der Vielfalt der Szene gerecht wird noch die beim Erscheinen des Buches bereits vorhandenen Entwicklungen berücksichtigt (Merkel, 2015, 523ff.).

Die zahlreichen einzelnen Informationen über Ausbildungsstätten und weitere einzelne Märchenerzähler*innen machen auf jeden Fall deutlich, wie beliebt das Erzählen wieder geworden ist. Ausbildungen werden sowohl für Menschen angeboten, die mit dem Erzählen auftreten möchten als auch für Menschen, die in pädagogischen, therapeutischen, sozialen und künstlerischen Berufen tätig sind und dort Märchen (besser) erzählen lernen möchten. Als Gemeinsamkeit lässt sich vielleicht hervorheben, dass das Erzählen dem Vorlesen explizit gegenübergestellt wird. Betont wird die Kunst und Bedeutung des *freien* Erzählens, womit allerdings meist die möglichst textgetreue Rezitation gemeint ist. Hervorgehoben wird die Wichtigkeit der Bewegungen und Gesten, der stimmlich durchdachten Vortragsweise sowie der Schaffung einer Atmosphäre.

Die Märchenerzählerin Gertrud Hempel betont die Bedeutung der inneren Verarbeitung der Volksmärchen, die man für den dann freien Vortrag vorbereitet. Sie selbst fand ihre Art des freien Erzählens, indem sie sich oft sehr lange mit einem Märchen auseinandersetzte und dann eine eigene

8 www.maerchen-emg.de/index.php/maerchenerzaehlen/maerchenerzaehler
9 www.maerchenstiftung.ch/de/maerchen_hoeren/maerchenerzaehler_innen

Textfassung aufschrieb. Sie war der Überzeugung, dass die Märchentexte neu erzählt werden müssen, um die heutigen Hörer*innen zu erreichen und strebte dazu eine größtmögliche Vereinfachung an (Hempel, 2003, 326).

3.3 Märchen vorlesen

Hempel beschreibt das Erzählen von Märchen einerseits als eine hohe Kunst und dennoch ging es auch ihr darum, die Märchen nicht mit einem Museumsschild „Bitte nicht anfassen" zu versehen, wie Heinrich Dickerhoff in seinem Vorwort schreibt (Hempel, 2003). Es ist auch eine Intention dieses Buches, der inzwischen manchmal vertretenen Meinung entgegenzuwirken, dass das Vorlesen von Märchen zu ihrer Übermittlung weniger geeignet sei als das freie Erzählen, wie es die Märchenerzähler*innen verstehen. Wie bestimmte Ansprüche und Diskurse in der professionellen Musikerszene nicht die unglaubliche Vielfalt der Laienmusik entwerten sollte, so wäre es fatal, wenn die neu entdeckte Märchenvortragskunst und die dadurch entstehenden Diskurse die Vielfalt des Umgang mit Märchen einschränkten oder diejenigen einschüchterten, die Märchen auf ihre Art vortragen.

Deshalb ist es mir wichtig zu betonen: Auch beim Vorlesen kann man im Kontakt mit seinen Hörer*innen sein, den anderen immer wieder anschauen, lebendig sprechen, gestikulieren, Pausen machen, ein offenes Ohr, Auge und Herz für das Gegenüber haben und eine märchenhafte Atmosphäre schaffen. Dafür ist eine entspannte und nicht leistungsbezogene Haltung wichtiger als die Frage, ob man ein Märchen auswendig vorträgt oder in den Text schaut.

Verschiedene Formen können sich auch gut ergänzen, etwa um das *Recht auf Kultur* auch im hohen Alter und innerhalb institutionalisierter Wohn- und Lebensformen zu verwirklichen. Da können gelegentliche Veranstaltungen mit einer professionellen Märchenerzählerin, ebenso wie die konzertante Aufführung von Musik, ein Beitrag dazu sein, das Leben für die Bewohner*innen zu bereichern oder eine Einrichtung nach außen zu öffnen. Solche *Highlights* entbinden aber nicht von der Notwendigkeit regelmäßiger, eher alltäglicher kultureller Aktivitäten durch die Einbindung von Musik, Märchen, Literatur und anderen kreativen Angeboten.

Märchen können Wärme und Schönheit in Beziehungen bringen. Sie können die Rosinen im alltäglich notwendigen Brot sein. Deshalb erscheint es mir wichtig, dass auch diejenigen, die sich alltäglich und viele Stunden in Pflege und psychosozialer Alltagsbetreuung um Menschen kümmern, mit den Märchen (und anderem) erleben können, dass sie nicht nur für die anstrengenden Seiten der Betreuung zuständig sind, während die anderen sich die „Rosinen" rauspicken. Während das Singen, welches eine ähnliche Bedeutung gerade in der Altenarbeit hat, nur einer kleineren Zahl von Menschen vertraut genug ist, um es in die eigene Arbeit zu integrieren, ist das Vorlesen von Märchen etwas, was man sich selbst zutraut. Deshalb seien gerade für diesen Bereich einige Ermutigungen und Anregungen zum Vorlesen ausgesprochen, die sich auch auf andere Bereiche übertragen lassen.

In der *Einzelsituation* und wenn einem das Vorlesen nicht ganz fremd ist, ist das Lesen eines der Märchen durchaus spontan und ohne Vorbereitung möglich. Man liest ja auch den eigenen Kindern eine Gute-Nacht-Geschichte vor, ohne das vorher geübt zu haben. Es ist nicht schlimm, wenn das auch einmal holpert oder man sich „verliest". Der andere wird die Zuwendung, die es bedeutet, vorgelesen zu bekommen, meist zu schätzen wissen. Die Wärme, die in einer solchen Situation entsteht, überträgt sich möglicherweise auch auf die anderen Dinge, die miteinander zu erledigen sind. Sollte der andere allerdings das Vorlesen oder ein Märchen nicht mögen oder heute nicht annehmen können, so gilt es eine solche Ablehnung, aus welchem Grund auch immer sie entstanden ist, mit Humor und Respekt zu akzeptieren. Nicht alles ist für jeden gut und nicht zu jedem Zeitpunkt.

Will man eine *Märchenstunde* für eine Gruppe gestalten, so kann es gut sein, die Märchen, die man vorlesen möchte, vorher selbst aufmerksam zu lesen und die eigenen Gefühle, Einfälle und Gedanken wahrzunehmen. Wenn man es einrichten kann, liest man ein Märchen, welches man noch nicht kennt, am besten mehrmals über ein paar Tage verteilt, so dass man auch noch einmal darüber schlafen kann oder es einem vielleicht im Alltag immer wieder einmal einfällt. So kann es sich *setzen*. Es liest sich einfacher, wenn man etwas selbst verinnerlicht hat.

Das *Lautlesen* zur Vorbereitung kann eine Hilfe sein, sich in die Rhythmik, Melodik und den Sprachfluss des Märchens einzulesen. Auch den Verlauf der Geschichte und die wesentlichen Abschnitte kann man sich dadurch gut merken, ohne etwas auswendig lernen zu müssen. Dazu muss man sich nicht dem Stress aussetzen, das Buch wegzulegen.

Sinnvoll kann es sein, sich kleine Pausenzeichen zur Erinnerung in den Text zu malen. Von Betonungs- oder Rezitationszeichen würde ich hingegen weitgehend abraten. Der Text wird dadurch eher unübersichtlich. Schließlich will man ja beim Lesen das Gegenüber auch anschauen, wahrnehmen und offen bleiben und sich weder selbst unter Druck setzen noch auf das eigene Können konzentrieren.

Eine *Texttreue* ist nicht wichtig: Abweichungen von den hier angebotenen Textfassungen sind überhaupt kein Problem und es ist auch nicht schlimm, wenn man sich einmal verspricht. Wichtiger sind der Kontakt und die Ruhe, die entstehen, wenn man beim Vorlesen an das denkt, was man liest und an die Person, für die man liest.

Sabine Lutkat beschreibt im Zusammenhang des Vorlesens für kleine Kinder, dass es gut sei, den Charakter der Bilder und Figuren auch mit der eigenen *Stimme* zu gestalten, also den König auch königlich und ein gefährliches Tier auch gefährlich klingen zu lassen. Auch könne der eigene Stimmklang die Stimmung des Märchens lebendig werden lassen. Das sind Empfehlungen, die in angepasster Form auch auf alle anderen Bereiche übertragbar sind (Lutkat, 2015, 28). Dabei gilt es, die unterschiedlichen Zuhörer*innen, ihr Alter, ihre aktuelle Verfassung zu berücksichtigen, was man aber vermutlich unbewusst sowieso tut. Für kleine Kinder wird man anders lesen als für einen Menschen, der älter ist als man selbst, für eine Gruppe alter Menschen anders als für einen einzelnen Menschen, für einen geschwächten Menschen, den man nicht aktivieren, sondern in die Stille oder den Schlaf begleiten will, anders als für jemanden, der eine Belebung gebrauchen kann.

Sich *Zeit lassen*, eher langsam sprechen, Pausen machen sind insgesamt wichtige Hinweise, insbesondere auch in der Arbeit mit alten oder geschwächten Menschen. Jüngere Menschen sollten wissen, dass sich das Sprechtempo in den letzten Jahrzehnten zunehmend beschleunigt hat. Dadurch kann es sein, dass man selbst das Gefühl hat, nicht schnell zu sprechen, dies aber aus der Perspektive älterer Menschen anders wahrgenommen wird. Darin steckt keine Bewertung, nur wäre es stets wichtig, dass der Flexiblere sich an diejenigen anpasst, die in ihrem Können eingeschränkt sind. Ältere Menschen können dem schnelleren Sprechen oft einfach nicht folgen, was sie übrigens auch im Zusammenhang mit Fernsehsendungen und Filmen beklagen.

Zu berücksichtigen ist auch die Frage der *Lautstärke* des eigenen Sprechens. Sie muss an das Hörvermögen des Gegenübers angepasst sein, damit das, was erzählt wird, auch ankommt. Darauf muss man jeweils achten, einschließlich der Frage der Hörgeräte und in dem Wissen, dass es nicht immer darum gehen kann, etwa gegenüber älteren Menschen grundsätzlich laut zu sprechen. Für die *Verständlichkeit* des Vorgelesenen ist oft eine möglichst *klare Aussprache* wichtiger als die absolute Lautstärke. Einen negativen Einfluss auf die Verständlichkeit haben leider oft akustische Gegebenheiten eines Raumes, an denen sich nicht so leicht etwas ändern lässt. Achten lässt sich aber durchaus darauf, akustische Störquellen abzustellen wie etwa ein im Hintergrund laufendes Fernsehgerät, die Spülmaschine, oder es kann nötig sein, eine Tür oder ein Fenster zu schließen (vgl. Nowack, 2018). Die Diffusität von Nebengeräuschen beeinträchtigt die Verständlichkeit des gesprochenen Wortes umso mehr, je eingeschränkter das Hörvermögen ist.

Hilfreich kann es sein, wichtige Passagen auch schon einmal zu *wiederholen*, sich durchaus einmal unterbrechen zu lassen, also Platz zu lassen für die Zuhörer*innen. Und natürlich steht es jedem frei, die hier vorgelegten Fassungen auch selbst noch einmal zu verändern, sei es nun spontan während des Vorlesens oder auch durch das Hineinschreiben in den Text oder eine Kopie.

3.4 Märchen lesen

Die vorgelegten einfacheren Fassungen der Märchen können auch zum Selbstlesen verwendet werden. Sie können von älteren Menschen gelesen werden, denen die Konzentration beim Lesen etwas schwer fällt. Sie können dazu, wenn nötig, in vergrößernden Kopien zur Verfügung gestellt werden.

Sie sind als Texte verwendbar für Deutsch als Zweitsprache oder für die eigene Lektüre von Menschen, die es allgemein eher schwer haben mit dem Lesen, aber dennoch ermutigt werden können, selbst zu lesen. Für sie gibt es zwar inzwischen zahlreiche Texte in *Einfacher Sprache*, die aber oft eher informativen Charakter haben und auf die Wissensvermittlung ausgelegt sind. Hier können Märchen, neben einigen literarischen Texten, die es auch gibt, eine Ergänzung sein und somit ein kleiner Beitrag zur Verbesserung der Barrierefreiheit.[10]

10 *Einfache Sprache* richtet sich an Menschen, die lesen können, aber Probleme haben, komplexere Texte zu verstehen. Die noch weiter vereinfachte *Leichte Sprache* richtet sich an Menschen mit gravierenderen Lernbehinderungen. Zwischen beiden besteht ein zwar definierter, aber doch auch gradueller Unterschied. Beide Sprachstile können je nach Kompetenz auch für Personen mit geringen Deutschkenntnissen und funktionale Analphabeten verwendet werden.

Märchen hören – erzählen – vorlesen – lesen

Für Menschen, die besser in *Leichter Sprache* lesen können, bietet dieser Band, jeweils als eine zweite Textfassung, die folgenden Märchen:

- Das Märchen vom alten König
- Das Glöckchen
- Das hässliche Entlein
- Der Wasser-Mann
- Die weiße Taube
- Die Bremer Stadt-Musikanten in Lilien-Tal

4.
Die Märchen

4.1 Hans im Glück

Es war einmal ein Bauernjunge, der hieß Hans. Hans war ein fleißiger Junge und diente sieben Jahr treu und ehrlich einem sehr reichen Herrn. Dann aber bekam er das Heimweh. Er wollte gerne wieder zu seiner Mutter und so bat er seinen Herrn um seinen Abschied und um seinen Lohn. Der reiche Herr sagte: „Du hast mir treu gedient und sollst dafür einen Klumpen Gold bekommen, so groß wie dein Kopf." Und Hansens Kopf war nicht klein! Hans war's zufrieden, packte den schweren Goldklumpen in ein Tuch und machte sich auf den Weg.

Mit der Zeit wurde das Gehen aber immer mühsamer, denn der Goldklumpen wurde schwerer und schwerer. Er setzte ihn auf den Kopf. Er setzte ihn auf die rechte Schulter. Er setzte ihn auf die linke Schulter, aber all das half nichts. Der Goldklumpen wurde ihm schwerer und schwerer.

Da begegnet Hans einem Reiter. Der reitet leicht und wohlgemut an ihm vorbei. Er sitzt auf einem spiegelglatten Pferd. „Ei!", ruft Hans, „Reiten ist eine schöne Kunst, wer sie kann und ein Pferd hat!"

Der Reiter hält sein Pferd an und fragt: „Was trägst du denn da auf deiner Schulter?"

„Ach! Es ist Gold, pures schweres Gold!", antwortet Hans und wirft den Klumpen erschöpft zu Boden.

„Ei!", sagt der Reiter, „wenn du gern reiten willst, so lass uns einen Tausch machen. Gib mir deinen Lastklumpen und nimm dafür mein Pferd!" Das lässt Hans sich nicht zweimal sagen, fröhlich ruft er: „Topp! Schlag ein!", und der Handel ist geschlossen.

Der Reiter nimmt das Gold und macht, dass er davonkommt. Hast du nicht gesehen, schon ist er um die Ecke verschwunden. Hans aber klettert auf das Pferd und reitet vergnügt seinen Weg. Nach einer Weile aber macht das Pferd einen Satz und Hans fällt herunter. Da liegt er nun und alle Knochen tun ihm weh.

Da kommt ein Bauer mit einer Kuh des Weges. „Nimmermehr reiten will ich! Tut nicht gut!", schimpft Hans. „Hätte ich doch so eine sanfte Kuh wie du. Da hätte ich alle Tage Milch, Butter und Käse und abwerfen würde sie mich ganz sicher auch nicht."

„Ei!", sagt der Bauer, „wenn dir die Kuh so gut gefällt, so lass uns tauschen. Ich nehme das Pferd und du bekommst die Kuh."

Abb. 1: Otto Ubbelohde: Hans im Glück (1909)

„Das ist ein feiner Tausch“, ruft Hans, „das lob' ich mir!“, nimmt die Kuh und treibt sie fröhlich vor sich her. Der Bauer aber reitet so schnell er kann auf dem Pferd davon.

Als Hans zu einem Wirtshaus kommt, geht er hinein und bestellt für seine letzten Pfennige etwas zu essen und zu trinken. Nachdem er gegessen und getrunken und sich ausgeruht hat, zieht er weiter.

Aber der Tag ist heiß und der Weg noch weit. So bekommt Hans wieder Durst und denkt bei sich: „Wie praktisch! Jetzt melke ich meine Kuh und trinke leckere Milch.“ Gesagt, getan.

Denkste. Da er das noch nie gemacht hat, stellt er sich so ungeschickt an, dass keine Milch aus dem Euter kommt. Stattdessen gibt ihm die Kuh einen Tritt, dass ihm Hören und Sehen vergeht.

Da kommt ein Metzger des Weges mit einem jungen Schwein. Voller Mitleid fragt der Metzger den Hans: „Was ist mit dir?“ Hans erzählte sein Abenteuer und der Metzger meint: „Ach! Na ja, so eine alte Kuh gibt doch gar keine Milch mehr.“ Und vor lauter Mitgefühl gibt der Metzger dem Hans etwas aus seiner Flasche zu trinken.

„Wenn es dir recht ist, tausch' ich dir die alte Kuh gegen das junge Schwein. Dann musst du dich nicht mehr mit ihr rumärgern und hast später leckeren Braten.“

„Prima, so machen wir's!“, ruft Hans, und ist von Herzen froh über sein Glück. Heiter zieht er weiter und denkt bei sich: „Du bist doch ein rechtes Sonntagskind, Hans! Immer wird dir der Schaden wieder ersetzt.“

Und so tauschte er noch das Schwein gegen eine fette Gans, weil die so schöne weiße Federn hatte und dachte sich dabei: „Auf denen werde ich schlafen wie ein Prinz."

Mit der Gans kommt er nun bei einem Scherenschleifer vorbei. Der pfeift so vergnügt, dass er stehen bleibt.

„Wo hast du denn die Gans her?", fragt der Scherenschleifer.

„Hab' sie gekriegt für ein Schwein!", antwortet Hans.

„Und das Schwein?"

„Für eine Kuh gekriegt!"

„Und die Kuh?"

„Für ein Pferd eingehandelt."

„Und das Pferd?"

„Einen Klumpen Gold dafür gegeben, so groß wie mein Kopf."

„Und woher das Gold?"

„Sieben Jahre gedient, Lohn bekommen!"

„O, du Schlaukopf!", sagte der Scherenschleifer. „Dir fehlt nichts zu einem guten Scherenschleifer, dann klingelt dir immer das Geld in allen Taschen."

„Geld in allen Taschen ist ein schöner Beruf", denkt Hans. Er gibt dem Scherenschleifer die Gans und zieht fröhlich pfeifend mit den Wetzsteinen davon.

Aber die Sonne scheint und brennt heiß. Hans hat schon wieder Hunger und Durst. Er wird matt und müde, und die Steine werden schwerer und schwerer, fast so schwer, wie der Goldklumpen es gewesen war und er denkt bei sich:

„Ach wenn ich mich doch nicht mit diesen blöden Schleifsteinen abschleppen müsste."

Er kommt zu einem Brunnen und will seinen Durst stillen. Er beugt sich über den Brunnenrand und beginnt zu trinken. Doch da rutschen ihm die Steine vom Rand des Brunnens und – weg sind sie.

Hans sieht die Steine in die Tiefe des Brunnens sinken. Er springt auf und tanzt vor Freude. Dann kniet er nieder und dankt Gott mit Tränen in den Augen, dass er ihm auch diese Last noch genommen hat.

„So glücklich wie ich, gibt es keinen Menschen unter der Sonne!", ruft er. Mit leichtem Herzen und frei von aller Last springt er fort bis er zu Hause bei seiner Mutter ist.

Und wenn er nicht gestorben ist, so lebt er noch heute.

4.2 Wie die Geige auf die Welt kam

Es waren einmal ein armer Mann und eine arme Frau, die hatten lange Zeit keine Kinder. Eines Tages ging die arme Frau in den Wald, um Holz zu sammeln und begegnete einer alten Frau, die aus einem Baum hervorkam. Der klagte sie ihr Leid. Da sprach die alte Frau zu ihr: „Ich weiß Rat. Geh' nach Hause. Zerschlage einen Kürbis. Gieße Milch in den Kürbis. Und dann trinke die Milch. Und ich sage dir: Du wirst einen Sohn gebären, der glücklich und reich werden wird!"

Dann verschwand die alte Frau wieder in dem Baum, aus dem sie gekommen war. Die junge Frau ging nach Hause, zerschlug einen Kürbis, goss Milch hinein und trank sie. Nach neun Monaten bekam sie einen schönen Jungen. Doch nicht lange Zeit sollte die Frau glücklich bleiben, denn bald wurde sie krank und starb. Als der Junge zwanzig Jahre alt war, starb auch der Vater. Da dachte sich der Junge: „Was soll ich hier noch? Meine Mutter ist tot und mein Vater ist gestorben. Ich gehe in die Welt hinaus und suche mein Glück!"

Also ging der Junge von Dorf zu Dorf, von Stadt zu Stadt. Aber nirgends fand er sein Glück. Eines Tages kam er in eine große Stadt. Dort wohnte ein reicher König, der eine wunderschöne Tochter besaß. Der König wollte sie nur dem Mann zur Frau geben, der etwas machen könne, was noch niemand auf der Welt gesehen hat. Viele Männer hatten schon ihr Glück versucht, aber sie wurden alle vom König aufgehängt. Denn sie konnten nichts machen, was man nicht schon zuvor gesehen hatte.

Als der Junge das hörte, ging er zum König und sagte: „Ich will deine Tochter zur Frau haben! Sag, was soll ich denn machen?"

Der König wurde wütend und sprach: „Du fragst, was du machen sollst? Du weißt ja, dass nur der meine Tochter zur Frau erhält, der so etwas machen kann, was noch niemand auf der Welt gesehen hat! Weil du so dumm gefragt hast, sollst du im Kerker sterben!" Und die Diener des Königs sperrten den Jungen in einen dunklen Kerker.

Kaum aber hatten sie die Tür zugemacht, da wurde es hell und die Feenkönigin Matuya erschien. Die Feenkönigin Matuya, die den Armen in Bedrängnis hilfreich zur Seite steht. Sie sprach zu dem Jungen: „Sei nicht traurig! Du sollst noch die Königstochter heiraten! Hier hast du eine kleine Kiste und ein Stäbchen! Reiße mir ein paar Haare aus und spanne sie über die Kiste." Der Junge nahm die kleine Kiste, riss der Feenkönigin ein paar Haare aus und spannte sie über die Kiste.

Abb. 2:
Ausschnitt aus:
Otto Ubbelohde: Der wunderliche Spielmann

„Und nun nimm noch ein paar Haare und spanne sie über das Stäbchen!" Der Junge nahm das Stäbchen und spannte ein paar Haare darüber.

Als er fertig war, sprach Matuya, die Feenkönigin: „Diese Kiste soll eine Geige werden und die Menschen froh oder traurig machen, je nachdem wie du es willst." Und sie nahm die Kiste und lachte hinein. Dann begann sie zu weinen und ließ ihre Tränen in die Kiste fallen. Und dann sagte sie zu dem Jungen: „Streich nun mit dem Stäbchen über die Haare der Kiste!"

Der Jüngling tat es, und da strömten aus der Kiste Lieder hinaus in die Welt, die das Herz bald traurig, bald fröhlich stimmten. Die Feenkönigin verschwand und der Junge rief die Diener und ließ sich zum König führen. Er sprach zu ihm: „Sieh her, König und höre! Hier ist das Ding, das die Welt noch nicht gesehen, noch nicht gehört hat!" Dann begann er zu spielen. Der König hörte es und war außer sich vor Freude. Er gab dem Jungen seine schöne Tochter zur Frau, und nun lebten sie alle in Glück und Freude.

So kam die Geige auf die Welt.

4.3 Das Märchen vom alten König

Vor langer, langer Zeit als die Sonne aufging,
da lebte ein alter König.

Sein Vater war tot
und er hatte keine Mutter.

Eines Tages
fand er einen großen Stein,
einen großen Stein.

Er setzt sich auf den Stein
und war glücklich und zufrieden,
glücklich und zufrieden.

4.4 Das Glöckchen

In einem Städtchen am Meer, bei seinem Tempel, lebte einst ein alter Mönch. Er liebte es, auf der Veranda zu sitzen und aufs Meer hinauszuschauen. Um sich aber nicht so allein zu fühlen, hatte er am Dach über der Veranda ein silbernes Glöckchen angebracht. Sobald der Wind nur ein kleines bisschen wehte, läutete das Glöckchen ganz lieblich.

Der alte Mönch saß auf der Veranda.

Er schaute auf das Meer.

Er lauschte dem Läuten des silbernen Glöckchens.

Und er lächelte zufrieden.

In dem gleichen Städtchen am Meer lebte auch ein Apotheker. Der hatte in letzter Zeit nur Pech gehabt. Nichts gelang ihm, alles ging schief und so wurde er immer unglücklicher und trauriger. In seiner Not machte er sich eines Tages auf den Weg zu dem Mönch. Da sah er, wie der Mönch auf seiner Veranda saß, wie er auf das Meer schaute und wie er zufrieden dem Läuten des silbernen Glöckchens lauschte.

Der Apotheker fasst sich ein Herz und spricht den Mönch an: „Meister, ich sehe, wie glücklich der Klang des silbernen Glöckchens macht. Ob du es mir wohl einmal für einen Tag ausleihen könntest?"

„Warum sollte ich es dir nicht leihen?", antwortet der Mönch freundlich. „Aber vergiss nicht, es gleich morgen früh wiederzubringen, denn ohne das Glöckchen wäre ich sehr traurig."

Der Apotheker verspricht es und dankt ihm. Er eilt nach Haus und hängt das Glöckchen über seiner Veranda auf. Der Wind weht vom Meer herauf und das Glöckchen beginnt zu läuten. Sofort wird ihm leicht ums Herz. Seine Sorgen sind wie weggeblasen. Vor lauter Freude fängt er an zu tanzen und vergisst allen Kummer, aber auch die Zeit und sein Versprechen.

Am nächsten Tag war der Mönch schon am Morgen schlecht gelaunt. Er vermisste sein Glöckchen. Er hielt Ausschau nach dem Apotheker. Aber der kam und kam nicht. Er kam nicht in der ersten Stunde. Er kam nicht in der zweiten Stunde. Und am Mittag war er immer noch nicht da.

Da ruft der Mönch seinen ersten Schüler und bittet ihn: „Lauf in die Stadt zum Apotheker. Der hat sich gestern mein silbernes Glöckchen ausgeliehen. Er versprach, es heute früh zurückzubringen. Bitte sag' ihm, dass ich das Glöckchen schon vermisse und bringe es mir zurück."

Der erste Schüler des Mönchs läuft sogleich zum Apotheker. Kaum hat er den Garten betreten, da hört er das fröhliche Läuten des Glöckchens. Er erkennt es sofort wieder. Und dann sieht er, wie der Apotheker gut gelaunt im Garten herumtanzt. Er überlegt, wie er ihn ansprechen soll. Aber während er noch überlegt, wird ihm so fröhlich ums Herz, dass er mit dem Überlegen aufhört und zu tanzen beginnt. Und darüber vergisst auch er die Zeit und was der Mönch ihm aufgetragen hat.

Der alte Mönch aber saß auf seiner Veranda, er sah auf das Meer, er vermisste sein Glöckchen und wurde immer trauriger. Da ruft er seinen zweiten Schüler und bittet ihn: „Lauf in die Stadt zum Apotheker. Der hat sich gestern mein silbernes Glöckchen ausgeliehen. Er versprach, es mir zurückzubringen. Bitte sag' ihm, dass ich das Glöckchen schon vermisse und bringe es mir zurück. Und wenn du unterwegs den ersten Schüler triffst, frage ihn, wo er bleibt oder besser bring' ihn gleich selbst mit zurück."

Der zweite Schüler läuft so schnell er kann. Als er zum Haus des Apothekers kommt, hört er sofort das fröhliche Läuten des Glöckchens. Und er sieht, wie der Apotheker und der erste Schüler zusammen im Garten herumtanzen. Er überlegt, wie er die beiden ansprechen soll. Aber während er noch überlegt wird ihm auf einmal so fröhlich ums Herz, dass auch er zu tanzen beginnt. Und auch er vergisst die Zeit und seinen Auftrag.

Der alte Mönch aber saß immer noch auf seiner Veranda, er schaute auf das Meer hinaus und wieder war eine Stunde ohne das fröhliche Läuten des silbernen Glöckchens vergangen. Die Sonne neigte sich der Erde zu und es wollte Abend werden. Aber weder der Apotheker noch einer der beiden Schüler ließen sich blicken. Der alte Mönch konnte sich das nicht erklären. Und er wurde so traurig wie nie zuvor. Schließlich hielt er es nicht mehr aus. Er zog seine Sandalen an und machte sich selbst auf den Weg zum Haus des Apothekers.

Noch ehe er in den Garten tritt, hört er das zarte Läuten seines geliebten Glöckchens. Und er hört fröhliches Lachen. Und dann sieht er, wie sich der Apotheker und seine beiden Schüler an den Händen halten. Sie tanzen nach links und dann wieder nach rechts, sie drehen sich im Kreis und ein seliges Lächeln liegt auf ihren Gesichtern.

Nachdenklich schüttelt der Mönch seinen Kopf und weiß nicht so recht, was er tun soll. Aber er wundert sich nicht lange. Denn auf einmal ist alle Traurigkeit verflogen und ihm wird wieder leicht ums Herz. Seine Füße beginnen zu hüpfen und seine Arme flattern. Er fasst den Apotheker an die eine Hand und den ersten Schüler an die andere und so tanzen sie alle viere.

Ein glückliches Lächeln lag auf ihren Gesichtern und sie vergaßen die Zeit.

Das Glöckchen (in Leichter Sprache)

Es war einmal ein alter Mönch.
Der lebte in einem Tempel.
Er saß gerne in seinem Garten und schaute aufs Meer.
Damit er sich nicht so allein fühlt,
hatte er ein Glöckchen aufgehängt.
Wenn der Wind nur ganz wenig blies,
klingelte das Glöckchen und machte ihn froh.

Im Dorf lebte auch ein Apotheker.
Der hatte viel Pech gehabt.
Und war sehr unglücklich.

Eines Tages geht der Apotheker den Mönch besuchen und fragt ihn:
Darf ich mal dein Glöckchen ausleihen?
Na klar!
sagt der Mönch.
Aber bring es bitte am Abend zurück.
Mach ich,
sagt der Apotheker.

Aber dann kommt es anders.
Das Glöckchen macht ihn so fröhlich,
dass er nur noch in seinem Garten tanzt.
Und er vergisst die Zeit.

Da schickt der Mönch seinen Schüler.
Er soll ihm das Glöckchen wieder bringen.
Aber daraus wird nichts.
Der Schüler hört das Glöckchen im Garten des Apothekers,
sieht ihn tanzen und wird so fröhlich,
dass er ihn an die Hand fasst und mittanzt.
Und dann vergisst auch er die Zeit.

Da schickt der Mönch einen zweiten Schüler.
Aber der kommt auch nicht zurück.
Stattdessen tanzen sie nun schon zu dritt im Garten des Apothekers.

Der Mönch ist traurig.
Und auch etwas sauer.
Und dann geht er selbst zum Haus des Apothekers.
Schon von ferne hört er sein Glöckchen.
Aber dann sieht er die drei tanzen.
Er nimmt einen Schüler an die eine Hand
und den Apotheker an die andere.
Und so tanzen sie nun alle zusammen.
Und wenn sie nicht gestorben sind, so tanzen sie immer noch.

4.5 Das tapfere Schneiderlein

Es war einmal ein armes Schneiderlein. Das saß auf seinem Tisch am Fenster, war guter Dinge und nähte aus Leibeskräften. Da kommt eine Bauersfrau die Straße entlang und ruft: „Leckeres Mus! Leckeres Mus!" Der Schneider ruft sie herauf und kauft ihr ein kleines Töpfchen ab. „Das soll mir Gott segnen, dann wird es mir Kraft und Stärke geben", freut sich der Schneider. Er holt etwas Brot aus dem Schrank, schneidet sich ein Stück ab und streicht das Mus darauf.

„Oh, wie ich mich schon auf die süße Mahlzeit freue! Aber erst will ich noch diesen Rock hier fertig nähen." Also legt er das Brot neben sich, näht weiter und macht vor Freude immer größere Stiche. Der Geruch des süßen Muses aber steigt nicht nur dem Schneider, sondern auch den Fliegen in die Nase. Und als der Schneider fertig genäht hat, sieht er sie in großer Zahl auf seinem Brot mit Mus sitzen.

„Ei, wer hat euch denn eingeladen?", ruft er und will die ungebetenen Gäste fortjagen.

Die Fliegen aber verstehen kein Deutsch und kommen immer wieder zurück und bringen auch noch ihre Verwandten zum Festessen mit. Da läuft dem Schneiderlein, wie man so sagt, die Laus über die Leber. Es greift nach einem Tuch und „Patsch" schlägt es damit auf das Brot mit dem Mus. Es zieht es ab und zählt: „Eins, zwei, drei, vier, fünf, sechs – sieben! Sieben Fliegen. Bin ich doch ein toller Kerl. Siebene auf einen Streich!" Und wie es noch seinen guten Fang bewundert, denkt es laut: „Das soll die ganze Stadt erfahren!"

Und da es ein Schneider ist, näht es sich schnell einen breiten Gürtel und stickt darauf: „Siebene auf einen Streich!" Das Herz hüpft ihm vor Freude und es überlegt, was es in seinen Rucksack packen kann, um in die Welt hinauszuziehen. Es findet aber nur einen alten Käse. „Na gut", denkt es, „den pack ich ein."

Vor dem Tore fällt ihm ein Vogel auf, der sich in einem Busch verfangen hat. Den greift es sich und steckt ihn zu dem Käse in den Rucksack. So schreitet es munter voran und so stolz wie es ist, fühlt es keine Müdigkeit.

Auf einem Berg angekommen, begegnet das Schneiderlein einem Riesen und fragt ihn, ob er nicht mit ihm auf Wanderschaft gehen wolle. Der Riese schaut den kleinen Kerl verwundert an: „Ich bin ein Riese. Warum sollte ich mit einem so kleinen Kerl wie dir auf Wanderschaft gehen?" Und er lacht das Schneiderlein aus.

Da öffnet das Schneiderlein seine Jacke, so dass der Riese den Gürtel sehen kann. Der Riese liest: „Siebene auf einen Streich!" „Oh", denkt er bei sich, „der muss ja doch stärker sein als er aussieht", und bekommt ein wenig Respekt vor dem kleinen Kerl. Doch will er ihn erst einmal testen. Der Riese nimmt einen Stein in die Hand. Er drückt ihn so fest zusammen bis Wasser aus dem Stein tropft.

„Das mach mir nach, wenn du so stark bist wie ich!" „Wenn's weiter nichts ist!", meint das Schneiderlein, greift in seinen Rucksack, holt den weichen Käse heraus und drückt ihn so, dass der Saft herausläuft. „Na, siehst du, Riese. Ich kann es besser."

Der Riese weiß nicht, was er sagen soll und kann es nicht glauben, dass der kleine Schneider stärker ist als er selbst. Er hebt einen Stein auf und wirft ihn so hoch, dass man ihn mit den Augen kaum noch sehen kann. „Nun Kleiner, das mach mir erst mal nach."

„Och, ganz gut geworfen", antwortet das Schneiderlein, „aber der Stein ist doch wieder zur Erde herabgefallen. Ich werde so weit werfen, dass mein Stein gar nicht zur Erde zurückkommt." Mit diesen Worten greift es wieder in seine Tasche, nimmt den Vogel heraus und wirft ihn in die Luft. Der Vogel ist heilfroh, endlich wieder frei zu sein. Er fliegt hoch hinauf, höher und immer höher und denkt nicht daran zurückzukommen.

„Na Riese, bin ich besser?" „Hm, hm", grummelt der Riese: „Werfen kannst du wohl, aber nun wollen wir sehen, ob du auch ordentlich etwas tragen kannst."

Er bringt das Schneiderlein zu einer mächtigen Eiche. Die war gefällt worden und lag dort auf dem Boden. Der Riese wollte die Eiche zu seiner Höhle bringen, damit sie im Winter genug Feuerholz hätten. Da kam ihm ein wenig Hilfe gerade recht.

„Wenn du stark genug bist, Schneiderlein, hilf mir den Baum aus dem Walde heraustragen." „Gern", antwortet das Schneiderlein, „nimm du nur den Stamm auf deine Schulter, ich will die Äste mit all den Zweigen tragen. Das ist der schwerere Teil."

Dem Riesen ist das recht. Er nimmt den Stamm auf seine Schultern. Das Schneiderlein aber klettert schnell auf einen Ast und lässt sich darauf nieder. Und weil der Riese sich nicht umdrehen kann, merkt er es nicht. So lässt sich das Schneiderlein ganz bequem tragen, ist guter Dinge und pfeift sich ein Liedchen als wäre das Baumtragen ein Kinderspiel.

Als sie an der Höhle der Riesen angekommen sind, lässt der Riese den Baum fallen. Schnell springt das Schneiderlein herab, fasst den Baum mit beiden Armen und tut so als hätte es ihn mit getragen.

Abb. 3: Otto Ubbelohde: Das tapfere Schneiderlein (1909)

Nun ist es dem Riesen unheimlich, der es gerne loswerden will, aber nicht weiß wie. Heimlich fasst er einen Plan und sagt zum Schneiderlein: „Wenn du ein so tapferer Kerl bist, so komm mit in unsere Höhle und übernachte bei uns." Das Schneiderlein freut sich und folgt ihm. In der Höhle sitzen noch andere Riesen beim Feuer, und jeder hat ein gebratenes Schaf in der Hand und isst davon. Nun bekommt es das Schneiderlein doch ein wenig mit der Angst zu tun. Aber es lässt sich nichts anmerken.

Der Riese zeigt ihm ein Bett, wo es sich hineinlegen und schlafen soll. Dem Schneiderlein ist das Bett aber viel zu groß. Deshalb legt es sich nicht hinein, sondern kriecht lieber in eine Ecke. Das war sein Glück! Denn als es Mitternacht war, nimmt der Riese eine große Eisenstange und schlägt das Bett mit einem Schlag durch.

„Nun bin ich das lästige Schneiderlein endlich wieder los", freut er sich. Am nächsten Tag gehen die Riesen in den Wald und haben das Schneiderlein ganz vergessen. Umso mehr erschrecken sie, als das Schneiderlein plötzlich lustig pfeifend hinter ihnen herkommt.

„Wie hat er den Schlag in der Nacht überleben können? Er muss wirklich sehr stark sein." Nun fürchten sie, dass das Schneiderlein sich rächen will. Und sie laufen mit großen Schritten und so schnell sie können davon. Bald war nichts mehr von ihnen zu sehen, denn Riesen machen sehr große Schritte und sind ziemlich schnell!

Unser Schneiderlein aber zieht vergnügt weiter. Nachdem es lange genug gewandert ist, kommt es an eine Stadt mit einem königlichen Palast. Und da es müde vom Wandern ist, legt es sich ins Gras und schläft erst einmal eine Runde.

Während es so da liegt und schläft, kommen Leute aus der Stadt. Sie betrachten das Schneiderlein von allen Seiten und lesen auf dem Gürtel: „Siebene auf einen Streich."

„Ach, was will der große Kriegsheld hier mitten im Frieden?", überlegen sie. „Das muss ein mächtiger Herr sein. Besser wir melden es dem König." Gesagt, getan. Der König lässt das Schneiderlein holen, nimmt es in seinen Dienst und lässt es bei seinen Rittern wohnen.

Die Stadt aber litt unter zwei Riesen, die im Wald lebten und mit ihren Raubzügen immer wieder großen Schaden anrichteten. Viele Ritter hatten schon versucht, sie zu überwinden, aber alle waren dabei selbst ums Leben gekommen. „Wem es gelingt, ihnen den Garaus zu machen, der bekommt meine einzige Tochter zur Frau und das halbe Königreich zur Ehesteuer", hatte der König verkünden lassen.

„Das wäre so etwas für einen Mann wie mich", dachte das Schneiderlein bei sich, „eine schöne Königstochter und ein halbes Königreich. Das wird einem nicht alle Tage geboten." Also geht es zum König und sagt: „Wer siebene auf einen Streich trifft, wie ich, braucht sich vor zweien nicht zu fürchten."

Der König gibt ihm hundert Reiter zur Unterstützung mit und wünscht ihm Glück. Im Morgengrauen ziehen sie los. Am Waldrand angekommen, befiehlt das Schneiderlein den hundert Reitern zu warten und geht alleine in den Wald.

Nach einer Weile erblickt es die beiden Riesen: Sie liegen unter einem Baume, schlafen und schnarchen dabei, dass sich die Äste biegen. Das Schneiderlein, nicht faul, füllt sich beide Taschen voll Steine und steigt damit auf den Baum. Nun sitzt es genau über den beiden riesigen Schläfern.

Es lässt dem ersten Riesen einen Stein nach dem andern auf die Brust fallen. Der Riese spürt nichts. Noch einen und noch einen. Nun wacht er auf. „He, was schlägst du mich?", sagt er zu dem zweiten Riesen. „Du träumst", sagte der andere, „ich schlage dich nicht." Sie legen sich wieder schlafen. Nun wirft der Schneider auf den zweiten Riesen einen Stein, mit aller Wucht. „Ey, was soll das?", ruft der verärgert, „warum bewirfst du mich?" „Ich bewerfe dich nicht", antwortet der erste und brummt. So zanken sie eine Weile, dann aber fallen ihnen die Augen wieder zu.

Das Schneiderlein aber fängt sein Spiel von neuem an. Es sucht den dicksten Stein aus und wirft ihn dem ersten Riesen mit aller Gewalt auf die Brust. „Das ist zu arg!", schreit der, springt auf und stößt den zweiten Riesen gegen einen Baum, dass dieser zittert. Das lässt der sich nun auch nicht bieten und schubst mit gleicher Wucht zurück. Sie geraten mehr und mehr in Wut. Sie reißen Bäume aus, werfen einander den Hang hinunter und schlagen so lange aufeinander ein, bis sie endlich beide zugleich tot zur Erde fallen.

Nun springt das Schneiderlein von seinem Ast herab. „Ein Glück nur, dass sie den Baum, auf dem ich saß, nicht ausgerissen haben. Sonst hätte ich wie ein Eichhörnchen auf einen andern springen müssen."

Das Schneiderlein zieht sein Schwert und versetzt jedem der beiden toten Riesen ein paar tüchtige Hiebe in die Brust. Dann geht es hinaus zu den Reitern und erzählt: „Die Arbeit ist getan, ich habe beiden den Garaus gemacht. Sie haben sich aber sehr gewehrt und in ihrer Not viele Bäume ausgerissen."

Die Ritter können kaum glauben, dass das Schneiderlein so unverletzt davongekommen ist. Sie reiten in den Wald hinein und finden die Riesen in ihrem Blute schwimmend und rings herum die ausgerissenen Bäume.

Im Schloss wieder angekommen verlangte das Schneiderlein vom König die versprochene Belohnung. Dem aber tat es leid, dass er ihm seine Tochter und das halbe Reich versprochen hatte und er dachte sich noch eine weitere Aufgabe für das Schneiderlein aus. Und dann noch eine. Welche das waren? Ein Einhorn fangen und ein sehr wildes Wildschwein.

Aber das Schneiderlein schaffte auch das. Und schließlich musste der König nachgeben. Die Hochzeit wurde mit großer Pracht gefeiert und das Schneiderlein wurde König. Und wenn sie nicht gestorben sind, so leben sie noch heute.

4.6 Der süße Brei

Es war einmal ein armes frommes Mädchen. Das lebte allein mit seiner Mutter in einer kleinen Hütte. Wieder einmal hatten sie nichts mehr zu essen. Da ging das Mädchen hinaus in den Wald. Nach einer Weile begegnete ihm eine alte Frau. Die wusste schon von seinem Leid, schenkte ihm ein Töpfchen und sagte:

„Wenn du zu dem Töpfchen sagst: ‚Töpfchen, koche!', so kocht es einen guten, süßen Hirsebrei. Und wenn du sagst ‚Töpfchen, steh!', so hört es wieder auf zu kochen."

Nach diesen Worten verschwand die alte Frau wieder im Wald.

Das Mädchen brachte den Topf heim zu seiner Mutter. Von der Stunde an mussten sie nie mehr Hunger leiden und aßen süßen Brei so oft sie wollten. Nach einer Zeit war das Mädchen ausgegangen und die Mutter bekam Hunger.

Also sagt die Mutter: „Töpfchen, koche!" Sofort fängt das Töpfchen an zu kochen und die Mutter isst sich satt. Nun will sie, dass das Töpfchen wieder aufhört zu kochen. Aber ihr fällt das richtige Wort nicht mehr ein.

Also kocht das Töpfchen, und kocht und kocht, immer weiter. Der Brei steigt über den Rand. Er füllt die ganze Küche aus. Er quillt durch die Tür und füllt das ganze Haus. Und das zweite Haus und dann die ganze Straße. Das

Abb. 4: Otto Ubbelohde: Der süße Brei (1907)

Töpfchen kocht, als wolle es die ganze Welt satt machen. Die Not ist groß und kein Mensch weiß, wie man das Töpfchen stoppen kann.

Endlich, als nur noch ein einziges Haus übrig ist, da kommt das Kind heim. Und es spricht die Worte: „Töpfchen, steh!" Da steht es und hört auf zu kochen.

Aber wer von nun an in die Stadt wollte, der musste sich erst durch den ganzen Brei durchessen.

4.7 Der Froschkönig

Es war einmal eine Königstochter, die ging hinaus in den Garten und setzte sich an einen kühlen Brunnen. Sie hatte eine goldene Kugel. Das war ihr liebstes Spielzeug. Sie warf die Kugel hoch und fing sie wieder auf und hatte ihre helle Freude daran. Einmal aber flog die Kugel sehr hoch. Die Königstochter wollte sie fangen, aber sie fiel auf die Erde und rollte genau in den Brunnen hinein.

Die Königstochter schaute ihr erschrocken nach. Der Brunnen aber war so tief, dass man keinen Grund sehen konnte und auch die goldene Kugel nicht. Da fing sie an jämmerlich zu weinen und zu klagen: „Ach, meine goldene Kugel! Wenn ich sie doch nur wieder hätte. Alles wollte ich dafür geben, meine Kleider, meine Edelsteine, meine Perlen, alles, was ich hab'. Wenn ich doch nur meine goldene Kugel wieder hätte."

Als sie so weint und klagt, steckt plötzlich ein Frosch seinen Kopf aus dem Wasser und spricht zu ihr: „Königstochter, was jammerst du so erbärmlich?" – „Ach, du garstiger Frosch, du kannst mir sowieso nicht helfen! Meine goldene Kugel ist mir in den Brunnen gefallen. Die möchte ich so gerne wieder haben. Alles würde ich dafür geben, meine Kleider, meine Edelsteine, meine Perlen und alles, was ich hab'."

Da sagt der Frosch: „Deine Kleider, deine Edelsteine und deine Perlen will ich nicht. Aber wenn du mich zum Gefährten annehmen willst und ich neben dir sitzen darf und von deinem goldenen Tellerlein essen darf und in deinem Bettchen schlafen darf und wenn du mich achten und lieb haben wirst, dann will ich dir deine goldene Kugel wiederbringen."

Die Königstochter überlegt und denkt so für sich: „Ach, was schwätzt der dumme Frosch. Der muss ja doch in seinem Wasser bleiben. Aber vielleicht kann er mir ja wirklich meine goldene Kugel wieder aus dem Brunnen holen."

Also sagt sie: „Ja meinetwegen, bringe mir nur erst die goldene Kugel wieder, dann soll es versprochen sein." Der Frosch steckt seinen Kopf unter das Wasser und taucht hinab. Es dauert auch nicht lange, so kommt er wieder in die Höhe, hat die goldene Kugel im Maul und wirft sie an Land.

Schnell greift die Königstochter nach der Kugel und läuft so schnell sie kann damit nach Hause. Der Frosch aber ruft ihr nach: „Warte, Königstochter, warte! Nimm mich mit, wie du es versprochen hast." Aber die Königstochter hört nicht auf ihn und ist nur froh, ihre goldene Kugel wieder zu haben.

Abb. 5: Otto Ubbelohde: Der Froschkönig (vor 1922)

Am anderen Tage sitzt die Königstochter am königlichen Tisch beim Essen. Plötzlich hört sie etwas die Marmortreppe heraufkommen: „Plitsch, platsch! plitsch, platsch!“ Bald darauf klopft es an der Tür und eine Stimme ruft: „Königstochter, jüngste, mach' mir auf!“

Sie läuft hin und macht die Türe auf, da ist es der Frosch. An den hatte sie gar nicht mehr gedacht. Ganz erschrocken wirft sie die Türe hastig wieder zu und setzt sich wieder an den Tisch. Der König aber sieht, dass ihr das Herz klopft und fragt:

„Mein Kind, was fürchtest du dich, steht etwa ein Riese vor der Tür und will dich holen?“

„Ach nein, es ist kein Riese, sondern ein garstiger Frosch.“

„Was will der Frosch von dir?“

„Ach lieber Vater, als ich gestern im Garten bei dem Brunnen saß und spielte, da fiel meine goldene Kugel ins Wasser. Und weil ich so weinte, hat sie der Frosch wieder heraufgeholt. Aber er verlangte dafür, neben mir zu sitzen, von meinem goldenen Tellerlein zu essen und in meinem Bettchen zu schlafen und mein Gefährte zu sein. Und ich habe es ihm versprochen, weil ich meine goldene Kugel wieder haben wollte. Ich dachte aber natürlich, dass er gar nicht aus seinem Wasser heraus könnte. Nun ist er draußen und will zu mir herein."

Während sie all das ihrem Vater erzählt, klopft es zum zweiten Mal und ruft:

„Königstochter, jüngste,
mach mir auf!
Weiß du nicht, was gestern
du zu mir gesagt,
bei dem kühlen Brunnenwasser?
Königstochter, jüngste,
mach mir auf!"

Da sagt der König: „Was du versprochen hast, das musst du halten. Geh' und mach' dem Frosch die Tür auf."

Sie gehorcht und der Frosch hüpft herein. Er folgt ihr auf dem Fuße immer nach, bis zu ihrem Stuhl. Als sie sich wieder gesetzt hat, ruft er:

„Heb mich herauf auf einen Stuhl neben dich."

Die Königstochter will nicht. Aber der König sagt wieder: „Was du versprochen hast, das musst du halten." Also hebt sie den Frosch hinauf. Als der Frosch oben ist, verlangt er:

„Nun schieb dein goldenes Tellerlein näher. Ich will mit dir davon essen."

Auch das musste sie tun. Und als er sich satt gegessen hat, sagt er:

„Nun bin ich müde und will schlafen. Bing mich hinauf in dein Zimmer, mach dein Bettchen zurecht, da wollen wir uns hineinlegen."

Als sie das hört, erschrickt die Königstochter sehr. Sie fürchtet sich vor dem kalten Frosch. Sie traut sich kaum, ihn überhaupt anzurühren und nun soll er bei ihr in ihrem Bett liegen? Sie fängt an zu weinen. Da aber wird der König zornig und sagt noch einmal: „Was du versprochen hast, das musst du halten."

Also, was soll sie tun? Er ist der König und er ist ihr Vater. Es hilft also nichts, sie muss tun, was er sagt, so sehr es ihr auch missfällt. Also packt sie den Frosch mit zwei Fingern und trägt ihn hinauf in ihr Zimmer und will schlafen gehen. Aber statt den Frosch neben sich zu legen, wirft sie ihn „Bratsch!" an die Wand und ruft: „Nun wirst du mich in Ruhe lassen, du garstiger Frosch!"

Aber der Frosch fällt nicht tot herunter, sondern wie er unten ankommt, da ist es ein schöner junger Königssohn. Der war nun ihr lieber Gefährte, und sie achtete ihn wie sie es versprochen hatte, und sie schliefen vergnügt zusammen ein.

Am nächsten Morgen kam ein prächtiger Wagen mit acht Pferden, der war mit Federn geschmückt und schimmerte vor lauter Gold. Und der Königssohn und die Königstochter stiegen ein und fuhren in ihr neues Reich. Und wenn sie nicht gestorben sind, dann leben sie noch heute.

4.8 Die sieben Reiskörner

Ein Bruder und eine Schwester lebten allein in einem Dorf. Die Eltern waren vor einiger Zeit gestorben und sie hatten niemanden, der sich um sie kümmerte. Oft schliefen sie abends hungrig ein. So arm waren sie.

In einem Jahr brach eine Hungersnot in der Gegend aus. Der Regen war ausgeblieben und die Ernte war so klein, dass der Bruder und die Schwester fürchteten elendig zu verhungern.

„Wir haben noch einen Taler", sagte das Mädchen zu ihrem Bruder. „Geh auf den Markt und kaufe so viel Reis, wie du dafür bekommen kannst. Vielleicht haben wir Glück, und der Reis reicht bis zur nächsten Ernte. Sonst werden wir Hungers sterben."

Der Bruder machte sich auf den Weg. Doch wegen der schlechten Ernte hatte sich der Preis für Reis verdoppelt und verdreifacht. So bekam er nur vier kleine Töpfe voll. Kaum genug um den Winter zu überstehen.

Traurig wanderte er zurück ins Dorf. Plötzlich hört er am Wegesrand Hilferufe. Er schaut sich um. Aber da ist nur ein großer Baum. Eine Schlingpflanze hatte sich um den Stamm gewickelt. Er will gerade weitergehen, da hört er wieder lautes Schreien. Er geht um den Baum herum und entdeckt eine alte Frau. Sie ist ganz von der Schlingpflanze umschlungen und droht zu ersticken. „Bitte hilf mir, die Schlingpflanze bringt mich um."

Der Bruder reißt und zerrt mit aller Kraft an den Zweigen, bis er die alte Frau befreit hat. Erschöpft setzen sich die beiden an den Wegesrand: „Ich bin dir zu großem Dank verpflichtet", sagt die alte Frau. „Bevor du kamst, sind schon viele Menschen an mir vorbeigelaufen, aber niemand hat mir geholfen."

„Du musst hungrig sein", sagt der Bruder und die alte Frau nickt. Da lädt der Bruder sie ein, mit ihm nach Hause zu kommen.

In der Hütte wartete die hungrige Schwester auf ihn. Als sie sah, dass er noch eine Esserin mitgebracht hatte, wurde sie zornig und schimpfte mit ihm: „Wie kannst du noch eine Esserin mitbringen? Der Reis reicht doch nicht einmal für uns beide." Der Bruder aber sagt entschieden: „Die alte Frau hat Hunger wie wir. Wir werden das Wenige, was wir haben, mit ihr teilen."

Wütend macht die Schwester Feuer und setzt einen Topf Reis auf. Mit einem Mal tritt die alte Frau zu ihr und sagt: „Gib nur sieben Körner Reis in den Topf. Das wird reichen." „Niemals", sagt die Schwester. Aber sie tut doch, was die alte Frau ihr gesagt hat. Und als der Reis gar ist, füllt er den ganzen Topf.

Und zum ersten Mal seit langer Zeit gingen die Geschwister nicht hungrig ins Bett.

So geschah es von nun an jeden Tag: Aus sieben Körnern wurde ein Topf voller Reis und die Geschwister und die alte Frau überlebten wohlgenährt die Hungersnot.

Als es an der Zeit war, wieder aufs Feld zu gehen, kam die alte Frau mit und wollte bei der Arbeit helfen. Gemeinsam bereiteten sie den Acker vor, pflanzten Reis und ernteten sieben Mal mehr als im besten Erntejahr zuvor.

Das blieb den anderen Bewohnern des Dorfes nicht verborgen. Voller Neid schauten sie auf die Geschwister und tuschelten, die alte Frau sei eine Hexe.

In der Nacht schlichen sich die Dorfbewohner zur Hütte der Geschwister und stahlen den gesamten Reisvorrat. Als die Geschwister aufwachten und sahen, dass kein einziges Reiskorn mehr da war, weinten sie bitterlich: „Wir werden wieder hungern müssen."

Aber die alte Frau lächelt und sagt: „Macht euch keine Sorgen." Sie zieht ein Stück von der Schlingpflanze aus der Tasche. Darauf klettern ein paar Ameisen herum. Die alte Frau gibt den Ameisen ein Zeichen und sie marschieren los. Mehr und mehr Ameisen schließen sich ihnen an und laufen dorthin, wo die Dorfbewohner die gestohlenen Reissäcke versteckt haben. Korn für Korn holen sie den ganzen gestohlenen Reis wieder zurück in die Hütte der Geschwister.

Als die Dorfbewohner das am nächsten Morgen sahen, wurden sie sehr wütend und zogen mit Schaufeln und Harken bewaffnet zur Hütte, um sich den Reis wiederzuholen. Der Bruder und die Schwester versteckten sich ängstlich im Haus. Aber die alte Frau wirft der Horde der Dorfbewohner das Stück Schlingpflanze entgegen. Das wächst und wächst und in kürzester Zeit wird es zu einer undurchdringlichen Hecke. Als die Dorfbewohner das sahen, gaben sie auf und kehrten auf ihre Felder zurück.

Bald darauf war die alte Frau verschwunden, ohne eine Nachricht zu hinterlassen. In der Nacht aber erschien sie dem Bruder und der Schwester im Traum und bat sie, ihr jeden Tag sieben Reiskörner zu opfern. Die Geschwister versprachen es.

Sie hielten ihr Versprechen und von diesem Tag an hatten sie immer genug zu essen und litten keinen Hunger mehr.

4.9 Die Kobolde von Cornwall

In Cornwall gibt es zwei Arten von Kobolden: die guten und die bösen. Die guten Kobolde sind klein und zahm. Die bösen Kobolde aber sind groß, wild und gefährlich.

Nun war einmal eine lebenslustige alte Frau, die wohnte in Cornwall zusammen mit ihrem Sohn und ihrer Schwiegertochter auf einem Bauernhof. Die alte Frau spielte für ihr Leben gern Karten, und auch Singen und Tanzen gehörten zu ihren Leidenschaften. Ihr Sohn aber und die Schwiegertochter meinten, das gehöre sich nicht in ihrem Alter. Darüber gerieten sie immer wieder in Streit, mindestens einmal in der Woche, wenn die alte Frau ins Dorf ging, meist aber öfter.

Wenn ein Kartenspiel angesagt war, schleuderte die Alte ihre Pfennige auf den Tisch und war mit Leib und Seele dabei. Wenn zum Tanz aufgespielt wurde, krempelte sie ihre Röcke hoch und schüttelte fröhlich ihre Füße. Und wenn gesungen wurde, sang sie mit lauter Stimme mit, auch wenn andere meinten, ihre Stimme wäre nicht mehr die schönste.

Und damit nicht genug: Wenn die Feierlichkeiten vorbei waren und sie sich auf den Heimweg machte, kehrte sie unterwegs ins Wirtshaus ein und trank gegen die Kälte den einen oder anderen heißen Grog. Dann machte sie sich schwankend und laut grölend auf den Heimweg. Ihre Mütze war oft über einem Auge verrutscht, der Schal schliff im Dreck, aber sie war vergnügt wie eine Grille in der Hecke.

Ihr Sohn schätzte das ganz und gar nicht und ihre Schwiegertochter noch viel weniger. „Das ist so peinlich!“, sagte sie. Daher schmiedeten sie einen Plan: „Wir werden ihr einen solchen Schrecken einjagen, dass sie sich nie mehr abends aus dem Haus traut.“ Gesagt, getan.

Eines Abends, als die Alte wieder ins Dorf gezogen war, holte die Schwiegertochter ein großes, weißes Bettlaken. Sie warf das Laken über ihren Mann und band es an seinen Handgelenken fest. So gingen sie in den Wald. „Verstecke du dich hier im Gebüsch“, sagte die Schwiegertochter, „und wenn deine Mutter vorbei kommt, springst du heraus, wedelst mit den Armen und brüllst ganz fürchterlich. Das wird sie erschrecken und sie wird denken, du seiest ein Kobold!“

Dann ging die Schwiegertochter zum Bauernhof zurück und ließ ihren Mann, den Sohn der alten Frau, im Gebüsch stehen. Der Sohn musste lange warten. Die Nacht war windig, und die Sträucher ächzten unheimlich und raschelten mit den Blättern. Bald bekam der Sohn es selbst mit der Angst zu tun. Ihm fielen all die Geschichten ein, die er über die bösen Kobolde gehört hatte und dass sie in dieser Gegend noch immer ihr Unwesen trieben. Mit jeder Minute wurde er ängstlicher, aber von seiner Mutter war noch nichts zu sehen.

Endlich hörte er sie kommen. Die Mutter hüpfte von einem Bein auf das andere und sang mit lauter Stimme: „In dieser schwarzen Nacht, in dieser schwarzen Nacht, gibt's zu sehen weiter nichts als den bösen Kobold und mich, den bösen Kobold und mich!"

Als ihr Sohn das hörte, fingen seine Zähne an zu klappern. Dennoch sprang er aus dem Gebüsch, wedelte unter dem Laken mit den Armen und brüllte laut: „Huhu, huhu, huhu!"

Die Alte blieb stehen und staunte: „Na! Wenn das nicht der kleine Kobold ist!", rief sie. „Lauf schnell nach Hause, kleiner Kobold, denn der große, böse Kobold folgt mir auf den Fersen. Und wenn er dich fängt, wird er dir die Augen auskratzen!"

„Hier ist er, hier ist er!", schrie die Alte und schaute hinter sich. „Boah, ist der groß, und er schnaubt vor Wut! Schnell weg, kleiner Kobold, lauf! Lauf um dein Leben!"

Ihr Sohn ließ sich das nicht zweimal sagen. Er raffte das Laken zusammen und sauste los. Da er aber nichts sehen konnte, lief er gegen Bäume, stolperte über Steine, fiel immer wieder auf den Boden, rappelte sich hoch und fiel gleich wieder hin.

Die alte Frau stand da und klatschte vor Vergnügen in die Hände.

„Lauf, böser, wilder Kobold, lauf, lauf", schrie sie: „Ihm nach, fang ihn, zerreiß ihn."

Wenn sich das Laken in den Dornen verfing, dachte der Sohn, die Klauen des bösen Kobolds hätten ihn ergriffen. Wenn er gegen die Äste stieß, meinte er, die Arme des Kobolds hätten ihn gepackt.

Und die ganze Zeit, während er rannte, saß die Alte oben auf einem Zaun und schrie vor Vergnügen.

Endlich erreichte er, mehr tot als lebendig, die Haustür. Seine Frau zog ihm das das Laken ab und erschöpft setzte er sich ans Kaminfeuer. Wenig später kam die Alte, seine Mutter, vergnügt zur Tür hinein.

„Ach, du meine Güte!", fing sie an zu erzählen. „Ich traf unterwegs den bösen, wilden Kobold. Er ging direkt hinter mir. Und dann sprang plötzlich der kleine, zahme Kobold aus dem Gebüsch. Und dann machte der große, böse Kobold Jagd auf den kleinen. Der eine rannte, der andere rannte. Das war die lustigste Jagd, die ich je gesehen habe!"

„Ich kann nicht sagen, ob er ihn erwischt hat. Vielleicht hat er, vielleicht nicht. Ich konnte auch nicht sehen, was der große Kobold anhatte. Aber so wahr ich lebe: Der kleine Kobold hatte eines unserer Bettlaken umgebunden und, ob du es glaubst oder nicht, Sohn, er trug genau die gleichen Stiefel wie du!"

Der Sohn grinste verlegen, und die Schwiegertochter schaute ziemlich albern drein. Da sahen sie ein, dass die Alte zu schlau für sie war, und nie wieder versuchten sie, ihr zu sagen, was sie zu tun und zu lassen hatte. Und die Alte lebte fröhlich und vergnügt bis an ihr Ende.

4.10 Das ewige Lied

Es war einmal ein junger Mann, der hieß Martin. Der junge Martin lehnte an der offenen Türe seines Vaterhauses. Es war ein altes, stolzes Bauernhaus. Ringsum lagen die Felder, die Wiesen, der Wald und alles gehörte dem Vater und irgendwann würde es ihm gehören.

„Wie schön ist das", dachte Martin. „Nichts will ich lieber sein als Bauer." Es ward Abend. Der Mond ging über dem Wald unter wie ein großer, roter Ball. Der alte Holunderbusch schmiegte sich enger an die Hauswand und ein Vogel begann darin zu singen.

Martin steht da und lauscht. Mit einem Mal wird ihm so seltsam ums Herz. Er vergisst die Felder und Wiesen, den Wald und das Haus seiner Eltern und denkt: „Mir wird das Herz so schwer, ich muss fort von hier."

So ging er denn durch den Garten und über den Steg, über die Wiese und durch den Wald. Er ging die ganze Nacht über fremde Straßen, an Dörfern vorbei und an Städten und am Morgen stand er vor einer hohen Burg.

„Was suchst du hier?", fragt der Torwächter. „Ich weiß es nicht", sagt der junge Martin. „Ho, ho, ho!", lacht der Wächter. „Du bist mir der Richtige. Nun, wenn du es nicht weißt, dann kannst du mir meine Stiefel putzen." Das tut Martin. Er putzt die Stiefel, er kehrt den Schmutz weg, er trägt das Wasser und lässt am Abend die Zugbrücke herunter und zieht sie am Morgen wieder hinauf. Dabei sieht ihn der Burgherr.

„Was für einen hübschen, starken Jungen hast du da?", fragt er den Torwächter. „Martin heißt er", meint der Torwächter. „Mehr weiß ich nicht!"

„Er gefällt mir, er soll mein Knappe sein", sagte der Graf und so geschah es. Martin putzte dem Grafen die Waffen und trug ihm den Schild. Er lernte reiten, schwimmen und springen. Er lernte kämpfen und wurde groß und stark und war zu allem zu gebrauchen. Er gefiel dem Grafen so gut, dass er ihm seine Tochter zur Frau gab.

Es war seine einzige Tochter. Deshalb wurde die Hochzeit zum schönsten und größten Fest seit hundert Jahren. Alle Mauern waren mit Blumengirlanden geschmückt, von weit her kamen Sänger und Spielleute, und es gab zu essen und zu trinken für alle.

Aber als Martin und seine Braut am Abend des Festes noch beieinander stehen und in das weite Land schauen, das bald ihnen beiden gehören soll, kommt ein Windstoß. Der Windstoß trägt ein paar Töne eines Liedes herauf, das weiter unten eine Mädchenstimme singt.

„Komm!“, sagt die Braut. „Der Wind ist ungut!“ – „Nein, warte!“, bittet Matin. Er steht da und horcht. „Was war das? Das Lied kenne ich. Das habe ich schon einmal gehört.“ Er steht da und horcht. Die Braut wird unruhig und will ihn mit sich ziehen. Aber Martin steht da und horcht, bis seine Braut wütend mit dem Fuß stampft und wegläuft: „Höre allein dein dummes Lied! Und komm, wenn du ausgeträumt hast!“

Aber Martin träumte weiter und wusste nicht, wie ihm geschah. Träumend ging er durch die Gänge und über den Burghof und durch das Tor. Er nahm sein Pferd, saß auf und ritt davon. Wenn das Pferd ein paar Gräser zupfte, saß er still und wartete, bis es sich satt gegessen hatte. Wenn das Pferd trabte, ließ er sich den Wind durch die Haare wehen. Er wäre geritten und geritten bis an das Ende der Welt.

„Halt!“, schreit plötzlich eine grobe Stimme. „Was haben wir denn da für einen freien Vogel?“ Zwei Soldaten versperren Martin den Weg. Es sind Vorposten des Heeres, mit dem der König in den Krieg zieht. „Wer bist du? Was willst du? Wie heißt du? Wohin führt dein Weg?“, fragen die Soldaten. Sie halten sein Pferd am Zügel und zwingen Martin abzusteigen.

„Martin heiße ich. Sonst weiß ich nichts.“ Als sie ihn fragen, ob er mit ihnen gegen den Feind kämpfen wolle, sagt er: „Ja.“

So blieb er im Heer des Königs, sprach wenig und kämpfte tapfer. Er wurde Hauptmann. Dann wurde er Oberst und schließlich wurde er Feldherr. Viele Schlachten hatte er geschlagen und viele Siege erfochten. Nun saß er in seinem Zelt und am nächsten Tag wollte ihm der König den höchsten Orden verleihen.

Es ist später Abend und still im Lager. Martin denkt zurück: Wie viele Jahre sind vergangen, seit er sein Vaterhaus verlassen hat? Wie viel hatte er gesehen und erlebt? Seine Braut hatte sicherlich längst einen anderen geheiratet und das Lied? Das Lied hat er seit damals nicht mehr gehört.

Wie ging es noch? Er hatte es schon ganz vergessen. Er probiert: „la-la-tra-la-li“. „Nein, so war es nicht.“ Er probiert es so und probiert es wieder anders. Plötzlich hört er von Ferne eine Flöte. Schmeichelnd und zärtlich spielt sie das Lied, wie eine zarte Berührung, die die Wange streichelt.

Martin steht auf und reckt sich. „Mein Pferd!“, befiehlt er, sitzt auf und reitet aus dem Lager. Er reitet und reitet und sucht die Flöte. Lockend klingt sie, bald näher, bald wieder weiter weg, je nachdem wie der Wind die Töne herüber trägt. Martin reitet langsamer und horcht wieder, bis er an eine Waldlichtung kommt.

Da brennt ein Feuer und ringsum im Feuerschein sitzen braune Männer und Frauen und hören das Lied, das einer von ihnen spielt. Es sind Zigeuner, die in ihrem Wagen durch die Länder fahren. Martin fragt, ob er mit ihnen fahren dürfe und sie nehmen ihn gerne auf.

Nun fuhr Martin mit den Zigeunern von Dorf zu Dorf, von Land zu Land. Er arbeitete mit ihnen und ging mit ihnen betteln, wenn es keine Arbeit gab. Er aß mit ihnen und hungerte, wenn es nichts zu essen gab. Er hörte den Flötenspieler noch oft. Aber es war nicht mehr das gleiche Lied. Es war so ähnlich und es war schön, sehr schön, aber es war nicht ganz dasselbe.

Martin wurde traurig und eines Nachts ging er auch von den Zigeunern fort und zog wieder allein durch die Lande. Seit seiner Jugend sind viele Jahre vergangen. Er ist alt geworden und hat erst graue Haare bekommen, dann weiße.

Er zieht weiter und weiter, ohne Ziel und ohne Plan bis er in eine Gegend kommt, die ihm seltsam vertraut vorkommt. Die Bäume erscheinen ihm wie alte Bekannte. Die Wiese ist ihm so vertraut. Ist das nicht der Steg über den Bach? Und dort der Nussbaum vor dem Hause des Vaters? Und der Holunderbusch ist auch da – und der Vogel singt.

Ja, das ist das Lied, das er so lange nicht gehört hat! Der Vogel singt es so überirdisch schön, so himmlisch beglückend, dass Martin die Tränen in die Augen kommen.

Er lehnt sich an den Stamm des Nussbaumes und lächelt sein seligstes Lächeln. Und als am Morgen die Leute verwundert den fremden Mann betrachten, sitzt er noch immer unbeweglich da. Noch im Tode glücklich scheint er dem Lied zu lauschen, dem ewigen Lied der Sehnsucht.

4.11 Das hässliche Entlein

Es war einmal eine Ente. Die lebte an einem kleinen See bei einem Bauernhof. Sie saß auf ihrem Nest und brütete sieben Eier aus. Als es an der Zeit war, pickte es in dem ersten Ei. Es pickte und pickte. Als das Loch groß genug war, kam ein kleines gelbes Küken heraus.

Nach einer kleinen Weile pickte es in dem zweiten Ei und wieder kam ein kleines gelbes Küken heraus. Bald pickte es in dem dritten, dem vierten und so fort. Schließlich hatten sich sechs hübsche gelbe Küken aus ihren Eierschalen befreit und hüpften und piepten munter umher.

Nur das siebente Ei lag da und es tat sich nichts. „Seltsam“, dachte die Ente, „es ist auch viel größer als die anderen. Vielleicht braucht es noch etwas Wärme.“ Und sie setzte sich auf das siebte Ei und brütete weiter.

Aber es tat sich immer noch nichts. Da fing die Ente an, sich Sorgen zu machen. Wie froh war sie, als eine alte Ente zu Besuch kam. „Es dauert schon so lange mit diesem Ei“, klagte sie, „es will einfach nicht platzen.“ Die alte Ente schaute sich das Ei an und meinte: „Vielleicht ist es ein Gänseei. Wirf es aus dem Nest und bring lieber deinen Küken das Schwimmen bei.“ Aber die Entenmutter hatte Mitleid mit dem siebten Ei und brütete weiter.

Endlich hörte sie das bekannte „Pick, pick“. Es klang aber etwas tiefer und lauter als gewohnt. „Pick, pick, pick.“ Schließlich kam auch aus diesem Ei ein Küken. Es war aber viel größer als die anderen. Und es hatte eine andere Farbe: Es war grau.

Am nächsten Tag war herrliches Wetter. Die Sonne schien auf die grüne Wiese und im blauen Wasser spiegelten sich die Büsche und Bäume. Die Entenmutter ging mit ihrer ganzen Kinderschar am Ufer entlang und „Platsch, platsch, platsch“ plumpste ein Küken nach dem anderen ins Wasser. Das Wasser schlug ihnen über den Köpfen zusammen, aber sie kamen gleich wieder hoch und schwammen, dass es eine Wonne war. Auch das graue Entlein schwamm mit und konnte nicht schlechter schwimmen als die anderen.

Bald trafen sie auf andere Entenfamilien und es war ein lautes Geschnatter. Als die anderen Enten das graue Entlein sahen, riefen sie: „Seht, was für ein hässliches Entlein. Es sieht gar nicht so aus wie wir.“ Und sie zwickten und verspotteten das graue Entlein und die Entenkinder wollten nicht mit ihm spielen.

„Lasst es in Ruhe“, sagte die Entenmutter.

„Aber es ist viel zu groß und es hat eine falsche Farbe“, meinten die anderen Enten.

„Aber es hat ein gutes Herz“, sagte die Mutter „und es schwimmt nicht schlechter als die anderen. Eher besser. Also lasst es in Ruhe.“

Aber wenn die Entenmutter nicht hinsah, zwickten und ärgerten sie es doch. So ging es den ersten Tag, den zweiten Tag und es wurde schlimmer und schlimmer. Das hässliche Entlein wurde von allen gejagt und gezwickt. Sogar die Geschwister waren böse zu ihm und sagten immer: „Wenn die Katze dich nur fangen würde, du hässliches Entlein!“ Und die Mutter sagte: „Wenn es doch nur weit fort wäre! Vielleicht wäre das besser.“

Da lief das hässliche Entlein fort. Es lief über die Wiese, fort von dem Bauernhof und fort von dem See. Nach einer Weile kam es zu einem großen Moor, wo die wilden Enten wohnten. Hier lag es die ganze Nacht, müde und voller Kummer. Am Morgen flogen die wilden Enten auf und betrachteten das junge Entlein. „Was bist Du denn für einer?“, fragten sie, und das Entlein drehte sich nach allen Seiten und grüßte freundlich.

„Du bist außerordentlich hässlich!“, sagten die wilden Enten. „Aber das kann uns egal sein, solange du nur nicht in unsere Familie hinein heiratest.“ Das hässliche Entlein dachte wahrlich nicht daran zu heiraten, wenn es nur die Erlaubnis hatte, im Schilf zu liegen und etwas Moorwasser zu trinken. So lag es ganze zwei Tage, fraß und trank. Und als es sich genug gestärkt hatte, zog es weiter.

Gegen Abend erreichte das hässliche Entlein eine kleine Hütte. Darin wohnte eine alte Frau mit ihrer Katze und ihrem Huhn. Die Katze konnte einen Buckel machen und schnurren und wenn man sie gegen das Haar streichelte, sprühte sie Funken. Das Huhn hatte ganz kleine, niedrige Beine und legte gute Eier, und die Frau liebte es wie ihr eigenes Kind. Am Morgen bemerkte die Frau das neue Tier. „Was ist das?“, fragte die alte Frau und da sie nicht gut sah, dachte sie, das hässliche Entlein sei eine Gans. Sie freute sich schon auf die Gänseeier und das Entlein wurde für drei Wochen auf Probe angenommen.

„Kannst Du Eier legen?“, fragte das Huhn. „Nein!“, antwortete das Entlein, „denn ich bin ein Enterich.“ „Dann halt den Mund“, sagte das Huhn.

„Kannst Du einen krummen Buckel machen, schnurren und Funken sprühen?“, fragte die Katze. „Nein!“, antwortete das Entlein. „Dann halt den Mund“, sagte die Katze.

Das Entlein saß in einer Ecke im Haus und wurde trauriger und trauriger. Da fiel es ihm ein, an die frische Luft und den Sonnenschein zu denken:

„Ich habe solche Lust, im schönen Sonnenschein auf dem Wasser zu schwimmen!", sagte es zu dem Huhn und der Katze. Aber die lachten es nur aus.

„Aber es ist so schön, auf dem Wasser zu schwimmen", sagte das Entlein, „so herrlich, es über dem Kopf zusammenschlagen zu lassen und auf den Grund niederzutauchen!"

„Du bist ja verrückt!", sagte die Katze und das Huhn gackerte spöttisch.

Da ging das Entlein zur Tür hinaus und ging weiter, bis es wieder zu einem Wasser kann. Und es schwamm auf dem Wasser, tauchte unter, ließ sich treiben, fraß und blieb für sich.

Dann kam der Herbst. Die Blätter im Wald wurden gelb, rot und braun und der Wind riss an ihnen und fegte über das Wasser. Dann kamen Hagel und Schneeflocken und der See fror fast zu. Das arme Entlein hatte es wirklich nicht gut.

Eines Abends, als die Sonne unterging, kam ein ganzer Schwarm herrlicher, großer Vögel angeflogen. So schöne Tiere hatte das Entlein noch nie gesehen. Sie waren ganz blendend weiß, mit langen, geschmeidigen Hälsen. Es waren Schwäne. Sie stießen einen ganz eigentümlichen Ton aus, breiteten ihre prächtigen, langen Flügel aus und flogen von der kalten Gegend fort in die warmen Länder mit den offenen Seen. Sie stiegen sehr hoch, und dem hässlichen, kleinen Entlein wurde es so sonderbar zu Mute. Es sah ihnen nach. Es wusste nicht, wie die Vögel hießen, wusste nicht, wohin sie flogen, aber es konnte sie auch nicht mehr vergessen.

Der Winter wurde immer kälter. Das Entlein musste im Wasser herumschwimmen, um ein Loch offen zu halten. Dann aber fror auch das zu und es wäre erfroren, wäre nicht ein Bauer vorbeigekommen, der die Not des Entleins sah, es mit nach Hause nahm und in der Scheune wohnen ließ. Die Kinder kümmerten sich um das Entlein und gaben ihm zu fressen, bis es wieder zu Kräften gekommen war. Als der Winter zu Ende war, machte sich das Entlein wieder auf.

Es lag im Moor als die Sonne wieder warm zu scheinen begann. Die Lerchen sangen, es war herrlicher Frühling. Als das Entlein seine Flügel schwang, brausten sie stärker als früher. Bald sah es drei prächtige weiße Schwäne. Sie brausten mit den Federn und schwammen leicht auf dem Wasser. Das Entlein erkannte sie wieder und wurde von einer eigentümlichen Traurigkeit befallen.

„Ich will zu ihnen hinfliegen, zu den königlichen Vögeln", sagte es. „Sie werden mich totschlagen, weil ich so hässlich bin und es wage, mich ihnen zu nähern. Aber das ist mir egal. Besser ist es, von ihnen getötet zu werden, als von allen gezwickt und verspottet zu werden und im Winter Mangel zu leiden."

Es flog den prächtigen Schwänen entgegen; diese erblickten es und umflogen es mit brausenden Federn. Es landete, neigte seinen Kopf zur Wasserfläche und erwartete den Tod.

Aber was erblickte es in dem klaren Wasser? Es sah sein eigenes Bild unter sich. Es war kein plumper, schwarzgrauer Vogel mehr. Er war ja selbst ein Schwan, weiß und strahlend, mit großen Flügeln und einem königlich geschwungenen Hals.

Die großen Schwäne umschwammen den jungen Schwan, der einmal ein hässliches Entlein gewesen war und streichelten ihn mit ihren Schnäbeln. Die Sonne schien warm und mild. Da brausten seine Federn, der schlanke Hals hob sich und aus vollem Herzen jubelte er: „So viel Glück habe ich mir nie träumen lassen, als ich noch das hässliche Entlein war!“

Das hässliche Entlein (in Leichter Sprache)

Es war einmal eine Enten-Mutter.
Die lebte auf einem Bauern-Hof.
Sie hatte 7 Eier.
Sie brütete.
6 Eier waren geplatzt.
Heraus kamen 6 gelbe Küken.
Das 7. Ei war viel zu groß.
Es platzte und platzte nicht.
Die Enten-Mutter wurde schon ganz sauer.
Endlich platzte es.
Heraus kam ein graues, hässliches Entlein.
Die Enten-Mutter hatte das graue Entlein trotzdem lieb.
Aber sie machte sich Sorgen.
Die anderen wollten nicht mit ihm spielen.
Sie zwickten es.
Sie verspotteten es.

Wie siehst du denn aus?
Gar nicht so wie wir!

Da lief das hässliche Entlein fort.
Es traf viele andere Tiere.
Aber keiner wollte mit ihm spielen.
Und alle sagten:

Du bist ein hässliches Entlein.
Du siehst nicht aus wie wir.

Und das hässliche Entlein lief weiter.
Einmal kam es zu einer Bäuerin.
Die Bäuerin dachte:

Oh, eine Gans!
Die kann mir große Eier legen.

Sie sperrte das Entlein ein.
Aber es legte keine Eier.
Denn es war ein Enterich.

Das Entlein lief wieder weg.
Es kam an einen schönen See.
Es versteckte sich im Schilf.
Im See gab es genug zu fressen.
Es schwamm sehr gerne.
Und es konnte gut tauchen.
Es freute sich über seine Freiheit.
Aber es fühlte sich oft einsam und allein.

Dann kam der Winter.
Es wurde sehr kalt.
Es gab kaum noch etwas zu fressen.
Das Entlein erfror fast.
Da kam ein Bauer vorbei.
Er sah die Not.
Er nahm das Entlein mit nach Hause.
Seine Kinder pflegten das Entlein.

Sie gaben ihm Futter.
So überlebte es den Winter.

Im Frühjahr war das Entlein sehr groß geworden.
Der Bauer brachte es zurück an den See.
Das Wasser war klar wie ein Spiegel.
Das Entlein schaute hinein.
Da konnte es sein Spiegelbild sehen.
Es staunte.
Es war gar nicht mehr hässlich.
Ganz im Gegenteil!
Aus dem Entlein war ein Schwan geworden.
Wunderschön!
Weiß und strahlend.
Die anderen Schwäne kamen angeflogen.
Sie erkannten ihn sofort.
Sie freuten sich.
Und begrüßten ihn mit Gesang.
Nun gab es kein hässliches Entlein mehr.
Aus ihm war ein wunderbarer Schwan geworden.
Und er fühlte sich nie mehr allein.

4.12 Das kleine Mädchen mit den Schwefelhölzern

Es war fürchterlich kalt. Es schneite und begann dunkler Abend zu werden. Es war der letzte Abend im Jahr: Neujahrsabend! In dieser Kälte ging ein kleines, armes Mädchen mit bloßem Kopf und nackten Füßen die Straße entlang. Als sie von Zuhause fortgegangen war, hatte sie Pantoffeln angehabt. Aber es waren Pantoffeln, die ihre Mutter zuletzt getragen hatte. Sie waren ihr viel zu groß und sie hatte sie verloren.

Ihre kleinen Füße waren ganz rot und blau vor Kälte. In einer alten Schürze hielt sie ein Bündel langer Schwefelhölzer[11] und ein Päckchen trug sie in der Hand. Den ganzen Tag über hatte ihr niemand etwas abgekauft und niemand hatte ihr auch nur einen Dreier geschenkt. Sie war hungrig und halberfroren und sah sehr bedrückt aus, die arme Kleine! Die Schneeflocken fielen in ihr langes, blondes Haar, welches sich schön über den Hals lockte. Aber an die Schönheit ihrer Haare konnte sie nun wirklich nicht denken.

Endlich setzte sie sich in einen Winkel zwischen zwei Häusern und kauerte sich zusammen. Die kleinen Füße hatte sie fest angezogen, aber es fror sie noch mehr, und sie wagte nicht nach Hause zu gehen. Denn sie hatte ja keine Schwefelhölzer verkauft. Ihr Vater würde sie schlagen und kalt war es daheim auch.

So saß sie da und ihre kleinen Hände waren vor Kälte fast erstarrt. „Ach!“, dachte sie, „ein Schwefelhölzchen könnte ich mir doch vielleicht anzünden, um meine Finger daran zu wärmen.“ Sie zog eines heraus, „Ritsch!“ Wie sprühte es, wie brannte es! Es gab eine warme, helle Flamme, wie ein kleines Licht, als sie die Hand darum hielt, es war ein wunderbares Licht! Es kam dem kleinen Mädchen vor, als sitze sie vor einem großen eisernen Ofen mit Messingfüßen. Das Feuer brannte ganz herrlich darin und wärmte schön! – Die Kleine streckte schon die Füße aus, um auch sie daran zu wärmen. Doch da erlosch die Flamme ihres Schwefelhölzchens. Der Ofen verschwand. Und sie saß da wie zuvor, mit einem kleinen Stumpf des ausgebrannten Schwefelholzes in der Hand.

Sie zündete ein neues Schwefelhölzchen an. Es brannte, es leuchtete, und der Schein der Flamme fiel auf die Mauer und erleuchtete sie. Dem kleinen Mädchen schien es, als könne sie hindurch sehen. Sie sah ein Zimmer, da war

11 Eine alte Art langer Streichhölzer, die man an einer rauen Fläche, etwa einer Mauer, entzünden konnte, weil sie neben dem Schwefel auch weißen oder roten Phosphor enthielten, der allerdings giftig ist.

Abb. 6: Hans Tegner: Das kleine Mädchen mit den Schwefelhölzchen (1900)

der Tisch mit einem glänzend weißen Tischtuch und mit feinem Porzellan gedeckt. Herrlich dampfte eine Schüssel mit dem leckersten Weihnachtsessen. Doch gerade als das arme Mädchen sich etwas auf den Teller tun wollte, erlosch das Schwefelholz, und nur die dicke, kalte Mauer war zu sehen.

Sie zündete ein neues an. Da saß sie unter dem schönsten Weihnachtsbaum. Der war noch größer und schöner geschmückt als der, welchen sie zu Weihnachten durch die Glastür des Kaufhauses gesehen hatte. Viel tausend Lichter brannten auf den grünen Zweigen und rote und goldene Kugeln fingen das Kerzenlicht auf. Die Kleine streckte die beiden Hände in die Höhe. Da erlosch das Schwefelholz; die vielen Weihnachtslichter stiegen höher und immer höher, nun sah sie, dass es die klaren Sterne am Himmel waren, einer davon fiel herab und machte einen langen Feuerstreifen am Himmel.

„Nun stirbt jemand!", sagte die Kleine und dachte an ihre alte Großmutter, die jetzt tot war. Das war die einzige gewesen, die sie lieb gehabt hatte. Sie hatte immer gesagt: „Wenn ein Stern fällt, so steigt eine Seele zu Gott empor."

Sie strich wieder ein Schwefelholz gegen die Mauer, es leuchtete ringsumher, und im Glanze des Lichts stand die alte Großmutter vor ihr, glänzend, mild und lieblich.

„Großmutter!", rief die Kleine. „O, nimm mich mit! Ich weiß, dass Du auch gehst, wenn das Schwefelholz ausgeht. Genauso wie der warme Ofen, das schöne Weihnachtsessen und der große, herrliche Weihnachtsbaum!" Eilig strich sie den ganzen Rest der Schwefelhölzer, den sie noch in der Hand hielt. Sie wollte die Großmutter bei sich behalten. Und die Schwefelhölzer leuchteten mit solchem Glanz, dass es heller war als am hellsten Tage.

Die Großmutter war noch nie so schön, so groß gewesen. Sie nahm das kleine Mädchen auf ihren Arm, und in Glanz und Freude flogen sie in die Höhe. Da fühlte das kleine Mädchen keine Kälte mehr, keinen Hunger, keine Furcht – sie waren bei Gott!

Aber im Winkel am Hause saß in der kalten Morgenstunde das kleine Mädchen mit roten Wangen, mit lächelndem Munde – tot, erfroren am letzten Abend des alten Jahres. Der Neujahrsmorgen ging über der kleine Gestalt auf, die dort saß mit den Schwefelhölzern, von denen ein Bund fast verbrannt war. „Sie hat sich wärmen wollen", sagten die Leute, die vorübergingen. Niemand wusste, was sie Schönes erblickt hatte, in welchem Glanze sie mit der alten Großmutter zur Neujahrsfreude eingegangen war!

4.13 Die schöne Katrinelje und Pif Paf Poltrie

Es war einmal ein Junge, der wurde Pif Paf Poltrie genannt. Pif Paf Poltrie? Was für ein Name! Pif Paf Poltrie war auf der Suche nach einer Frau. So kam er auf einen Bauernhof. Dort wohnte die schöne Katrinelje. In die hatte er sich verliebt.

So geht er zum Vater und sagt: „Guten Tag, Vater Hollenthe!"

„Schönen guten Tag, Pif Paf Poltrie!", antwortet der Vater Hollenthe.

„Könnt ich wohl eure Tochter kriegen, die schöne Katrinelje?"

„Von mir aus ja!", sagt der Vater Hollenthe. „Aber erst musst du noch die Muttern Malchu fragen, und den Bruder Hohenstolz, und die Schwester Käsetraut. Und natürlich auch noch die schöne Katrinelje selbst. Wenn sie alle einwilligen, so sollt ihr Hochzeit halten."

„Wird gemacht!", sagt Pif Paf Poltrie. „Wo finde ich denn die Mutter Malchu?"

„Sie ist im Stall und melkt die Kuh."

Da geht Pif Paf Poltrie zum Stall. „Guten Tag, Mutter Malchu!", sagt er.

„Schönen guten Tag, Pif Paf Poltrie!", antwortet die Mutter Malchu.

„Könnt ich wohl eure Tochter kriegen, die schöne Katrinelje?"

„Von mir aus ja!", sagt die Mutter Malchu. „Aber erst musst du noch den Bruder Hohenstolz fragen und die Schwester Käsetraut. Und natürlich auch noch die schöne Katrinelje selbst. Wenn sie alle einwilligen, so sollt ihr Hochzeit halten."

„Wird gemacht!", sagt Pif Paf Poltrie. „Wo finde ich denn den Bruder Hohenstolz?"

„Er ist in der Kammer und hackt das Holz."

Da geht Pif Paf Poltrie in die Kammer. „Guten Tag, Bruder Hohenstolz!", sagt er.

„Schönen guten Tag, Pif Paf Poltrie!", antwortet der Bruder Hohenstolz.

„Könnt' ich wohl eure Schwester kriegen, die schöne Katrinelje?"

„Von mir aus ja!", sagt der Bruder Hohenstolz. „Aber erst musst du noch die Schwester Käsetraut fragen. Und natürlich auch noch die schöne Katrinelje selbst. Wenn sie beide einwilligen, so sollt ihr Hochzeit halten."

„Wird gemacht!", sagt Pif Paf Poltrie. „Wo ist denn die Schwester Käsetraut?"

„Sie ist im Garten und schneidet das Kraut."

Da geht Pif Paf Poltrie in den Garten. „Guten Tag, Schwester Käsetraut!", sagt er.

„Schönen guten Tag, Pif Paf Poltrie!", antwortet die Schwester Käsetraut.

Abb. 7:
Otto Ubbelohde: Die schöne Katrinelje und Pif Paf Poltrie

„Könnt' ich wohl eure Schwester kriegen, die schöne Katrinelje?"

„Von mir aus ja!", sagt die Schwester Käsetraut. „Aber erst musst du noch die schöne Katrinelje selbst fragen. Wenn sie einwilligt, so sollt ihr Hochzeit halten."

„Wird gemacht!", sagt Pif Paf Poltrie. „Wo ist denn die schöne Katrinelje?"

„Sie ist in der Kammer und zählt ihre Pfennige."

Da geht Pif Paf Poltrie in die Kammer zur schönen Katrinelje und begrüßt sie.

„Guten Tag, schöne Katrinelje!"

„Schönen guten Tag, Pif Paf Poltrie!", antwortet die schöne Katrinelje.

„Willst du wohl mein Schatz sein?", fragt Pif Paf Poltrie.

„Hm", sagt die schöne Katrinelje. „Was ist denn dein Handwerk, Pif Paf Poltrie?

Bist du ein Schneider?"

„Nein, noch viel besser!"

„Bist du ein Schuster?"

„Nein, noch viel besser!"

„Bist du ein Bauer?"

„Nein, noch viel besser!"

„Bist du Schreiner?"

„Nein, noch viel besser!"

„Bist du ein Schmied?"

„Nein, noch viel besser!"

„Bist du ein Müller?"

„Nein, noch viel besser!"

„Bist du vielleicht ein Besenbinder?"

„Ja! Das bin ich!", sagt Pif Paf Poltrie. „Ist das nicht ein schönes Handwerk?"

Und dann feierten sie die Hochzeit mit Vater Hollenthe, Mutter Malchu, Bruder Hohenstolz, Schwester Käsetraut und allen Nachbarn von nah und fern. Und wenn sie nicht gestorben sind, so leben sie heute noch: Pif Paf Poltrie und die schöne Katrinelje.

4.14 Jorinde und Joringel

Es war einmal ein altes Schloss mitten in einem großen dicken Wald. Darin wohnte eine alte, böse Zauberin. Am Tage verwandelte sie sich in eine Katze oder in eine Eule. Abends nahm sie wieder die Gestalt einer alten Frau an. Sie konnte Tiere herbeilocken, die sie dann schlachtete, kochte oder briet und auffraß.

Alle, die in der Nähe des Waldes wohnten, wussten, dass man sich dem Schloss nicht weiter als bis auf hundert Schritte nähern durfte. Denn wer näher als hundert Schritte zum Schloss kam, musste stille stehen und konnte sich nicht von der Stelle bewegen. Erst wenn die Zauberin kam und einen wieder lossprach, konnte man entfliehen.

War es aber eine junge Frau, so verwandelte die Zauberin sie in einen Vogel. Sie sperrte den Vogel dann in einen Korb ein und trug den Korb in eine Kammer des Schlosses. So hielt sie wohl siebentausend junge Frauen als Vögel in ihrem Schloss in Käfigen gefangen.

Nun war einmal eine junge Frau, die hieß Jorinde. Jorinde war schöner als alle anderen Mädchen. Und dann war da ein gar schöner junger Mann, der hieß Joringel. Jorinde und Joringel waren schon lange ineinander verliebt und wollten heiraten. Aber wie das so war zu den alten Zeiten, durften sie sich nicht so oft sehen und mussten warten bis zur Hochzeit.

Eines Tages hatten sie sich heimlich am Waldrand verabredet und gingen zusammen im Wald spazieren. Jorinde ist ängstlich: „Lass uns nicht so tief in den Wald hineingehen." Joringel ist mutiger, wie es sich für einen jungen Mann gehört: „Hab keine Angst, ich bin doch bei dir." So gehen sie noch ein wenig tiefer in den Wald. Es ist ein schöner früher Abend. Die Sonne scheint noch hell durch die Stämme der Bäume in das dunkle Grün des Waldes. Eine Turteltaube singt von ferne ihr trauriges Lied.

Jorinde setzt sich auf einen Baumstamm und wird plötzlich sehr traurig. Joringel setzt sich zu ihr und versucht sie zu trösten. Aber auch er spürt plötzlich eine große Traurigkeit. Die Sonne steht noch halb über dem Berg und halb geht sie unter. Joringel sieht durchs Gebüsch und sieht die alte Mauer des Schlosses, näher als zuvor. Er erschrickt und hört Jorinde singen:

„Mein Vöglein mit dem Ringlein rot
singt Leide, Leide, Leide:
Es singt dem Täublein seinen Tod,
singt Leide, Lei- zicküth, zicküth, zicküth."

Abb. 8: Otto Ubbelohde: Jorinde und Joringel (vor 1922)

Als er sich wieder zu ihr umdreht, ist sie in einen Vogel verwandelt. Die Zauberin fliegt in Gestalt einer Eule dreimal um sie herum und ruft dreimal „schu hu, shu hu, shu hu." Joringel kann sich nicht mehr bewegen. Er steht da wie ein Stein. Er kann nicht weinen. Er kann nicht reden und weder Hand noch Fuß bewegen.

Die Sonne geht unter. Die Eule fliegt in einen Strauch, und gleich darauf kommt die Zauberin als alte krumme Frau wieder hervor. Sie ist gelb und mager, hat große rote Augen und eine krumme Nase, die mit der Spitze fast bis ans Kinn reicht. Sie murmelt böse vor sich hin, fängt die Nachtigall und trägt sie auf der Hand fort. Joringel möchte rufen, sie aufhalten. Aber er kann nichts sagen, sich nicht von der Stelle bewegen. Die Zauberin trägt die Nachtigall, seine geliebte Jorinde, davon.

Endlich kommt die alte Frau wieder und spricht einen Zauberspruch. Da kann Joringel sich wieder bewegen. Er fällt vor ihr auf die Knie und bittet sie, sie möge ihm seine Jorinde wieder geben. Er fleht sie an. Aber sie sagt: „Du wird sie nie wieder haben. Vergiss sie", und geht fort. Joringel ruft ihr nach: „Nie, nie werde ich sie vergessen. Nie und nimmer!" Er weint, er jammert, er ruft ihren Namen. Aber alles umsonst.

Schließlich geht Joringel weinend fort und wandert ziellos umher. Endlich kommt er in ein fremdes Dorf. Dort hütet er die Schafe, lange Zeit. Oft geht er rund um das Schloss herum, aber nicht zu nah, um nicht wieder zu Stein zu werden.

Endlich träumt er einmal des Nachts, er fände eine blutrote Blume. In der Mitte der Blume ist im Traum eine schöne große Perle. Er träumt weiter: Er pflückt die Blume, geht mit ihr zum Schloss und alles, was er mit der roten Blume berührt, wird von der Zauberei befreit. Und er träumt, dass er so auch seine Jorinde wiederbekommt. Er wacht auf und zieht los, die rote Blume zu suchen. Er geht über Berg und Tal, durch Wiesen und Felder, Tag für Tag. Am neunten Tag in der Früh findet er die blutrote Blume. In der Mitte ist ein großer Tautropfen, so groß wie die schönste Perle.

Joringel trägt die Blume einen Tag und eine Nacht, bis zum Schloss. Er kommt auf hundert Schritt nah. Und er merkt, er wird nicht fest wie Stein. Er geht weiter bis ans Tor. Als er es mit der Blume berührt, springt es auf. Er geht hinein, geht durch den Hof und horcht nach den Vögeln. Endlich hört er sie und findet den Saal, in dem die Zauberin sie gefangen hält. Dort steht die Zauberin und füttert die Vögel in den siebentausend Körben. Kaum hat sie Joringel gesehen, wird sie böse, sehr böse. Sie schimpft und flucht und spuckt Gift und Galle gegen ihn aus. Aber näher als bis zu zwei Schritten kann sie nicht an ihn herankommen, weil er die rote Blume in der Hand hält.

Joringel sieht sich die Körbe mit den Vögeln an. Da sind viele hundert Nachtigallen. Wie nur soll er herausfinden, welches von ihnen seine Jorinde ist? Da sieht er, dass die Zauberin heimlich ein Körbchen mit einem Vogel wegnimmt und mit ihm zur Türe geht. Schnell springt er hinzu, berührt das Körbchen mit der Blume und schon steht seine Jorinde vor ihm, schön wie ehemals und fällt ihm um den Hals.

Joringel berührt auch die Zauberin. Nun kann sie nicht mehr zaubern. Dann erlöst er auch alle anderen jungen Frauen. Hand in Hand gehen Jorinde und Joringel nach Hause. Und wenn sie nicht gestorben sind, leben sie heute noch.

4.15 Der kleine Häwelmann

Es war einmal ein kleiner Junge, der hieß Häwelmann. Er schlief in einem Rollenbett. Wenn er noch nicht einschlafen konnte, musste seine Mutter ihn im Zimmer umherfahren, und davon konnte er nie genug bekommen.

Eines Abends lag der kleine Häwelmann wieder in seinem Rollenbett und konnte nicht einschlafen. Seine Mutter war aber so müde, dass sie schon eingeschlafen war. Der kleine Häwelmann ruft: „Mama, ich will fahren!“ Die Mutter greift im Schlaf aus ihrem Bett zu seinem Rollenbett und rollt es im Schlaf ein wenig hin und her. Dann wird ihr der Arm müde und sie schläft wieder ein. „Mehr, mehr!“, ruft der kleine Häwelmann. Und wieder greift sie zu seinem Bettchen und rollt es ein wenig hin und her. Endlich aber ist sie ganz eingeschlafen und hört den kleinen Häwelmann nicht mehr.

Es dauert nicht lange, da schaut der Mond zum Fenster herein, der gute alte Mond. Er sieht den kleinen Häwelmann mit offenen Augen in seinem Rollenbett liegen und wundert sich nicht schlecht: Der kleine Häwelmann hält das eine Beinchen wie einen Mastbaum in die Höhe, sein Hemdchen hat er ausgezogen und als Segel an seiner kleinen Zehe befestigt. Nun nimmt er ein Hemdzipfelchen in jede Hand und fängt an, mit beiden Backen zu pusten. Und ganz allmählich, leise, leise fängt das Bettchen an zu rollen. Es rollt über den Fußboden, dann die Wand hinauf, dann kopfüber die Decke entlang und dann die andere Wand wieder hinunter. „Mehr, mehr!“, ruft der kleine Häwelmann, als er wieder auf dem Boden ist. Er bläst wieder die Backen auf, und wieder geht es kopfüber und kopfunter im Zimmer umher.

Es war ein großes Glück für den kleinen Häwelmann, dass es grade Nacht war und die Erde auf dem Kopf stand; sonst hätte er sich doch gar zu leicht den Hals brechen können.

Als er dreimal die Reise durchs Zimmer gemacht hat, scheint der Mond ihm ins Gesicht und fragt: „Junge, hast du noch nicht genug?“ „Nein, mehr, mehr!“, ruft der kleine Häwelmann: „Mach' mir die Tür auf! Ich will durch die Stadt fahren; alle Menschen sollen mich fahren sehen.“ „Das kann ich nicht“, sagt der gute Mond; aber er lässt einen langen Strahl durch das Schlüsselloch fallen, und darauf fährt der kleine Häwelmann zum Haus hinaus.

Es war ein großes Glück, dass er noch ein so ganz kleiner Junge war; sonst hätte er gar nicht durch das enge Schlüsselloch gepasst.

Auf der Straße war es ganz still und einsam. Die langen Häuser standen im hellen Mondschein und glotzten mit ihren schwarzen Fenstern recht dumm in die Stadt hinaus; aber die Menschen waren nirgends zu sehen.

Der kleine Häwelmann fährt über das Straßenpflaster, dass es rasselt und rattert. Der gute Mond geht immer neben ihm her und leuchtet ihm. So fahren sie Straß' aus, Straß' ein, aber die Menschen sind nirgends zu sehen. Als sie bei der Kirche vorbeikommen, kräht auf einmal der große goldene Hahn auf dem Glockenturm. Da hält der kleine Häwelmann an und fragt den Hahn: „Was machst du da?" „Ich krähe zum ersten Mal!", antwortet der goldene Hahn. „Wo sind denn die Menschen?", fragt der kleine Häwelmann hinauf. „Die schlafen!", ruft der goldene Hahn herunter: „Wenn ich zum dritten Mal gekräht habe, dann wacht der erste Mensch auf." „Das dauert mir zu lange", sagt der kleine Häwelmann. „Dann fahre ich lieber in den Wald. Alle Tiere sollen mich fahren sehen!"

„Junge, Junge", fragt noch einmal der gute alte Mond, „hast du noch nicht genug?" „Nein", ruft der kleine Häwelmann, „mehr, mehr! Leuchte, alter Mond, leuchte!" Und dann bläst er wieder die Backen auf, und der gute alte Mond leuchtet ihm. So fahren sie zum Stadttor hinaus, und übers Feld, und in den dunklen Wald hinein.

Im Wald aber ist es still und einsam. Die Tiere sind nicht zu sehen, weder die Hirsche, noch die Hasen, auch nicht die kleinen Mäuse. So fahren sie immer weiter, durch Tannen- und Buchenwälder, bergauf und bergab. Der gute Mond leuchtet in alle Büsche; aber die Tiere sind nicht zu sehen. Nur eine kleine Katze sitzt oben in einem Baum und funkelt mit ihren Augen. Da halten sie an und der kleine Häwelmann fragt die Katze: „Wo sind denn die andern Tiere?" „Die schlafen!", ruft die kleine Katze und springt einen Baum weiter. „Wenn ich mein letztes Auge zumache, so wacht der erste Maulwurf auf", ruft sie noch. „Das dauert mir zu lange", sagt der kleine Häwelmann. „Dann will ich lieber in den Himmel fahren. Alle Sterne sollen mich fahren sehen."

„Junge, Junge", sagte der gute alte Mond, „hast du noch nicht genug?" „Nein", ruft der kleine Häwelmann, „mehr, mehr! Leuchte, alter Mond, leuchte!" Und dann bläst er wieder die Backen auf, und der gute alte Mond leuchtet ihm. Und so fahren sie zum Walde hinaus, über die Heide, bis ans Ende der Welt, und dann gradewegs in den Himmel hinein.

Hier war es lustig: Alle Sterne waren wach und hatten die Augen auf und funkelten, dass der ganze Himmel blitzte. „Platz da!", ruft der kleine Häwelmann und fährt in den hellen Haufen hinein, dass die Sterne rechts und links vom Himmel fallen.

„Junge", sagt der gute alte Mond, „hast du noch nicht genug?" „Nein", ruft der kleine Häwelmann, „mehr, mehr!" Und hast du nicht gesehen fährt er dem guten alten Mond grade über die Nase. „Pfui!", sagt der Mond und niest drei Mal. „Nun ist aber genug." Und dann macht er seine Laterne aus und alle Sterne machen die Augen zu.

Da wird es im ganzen Himmel auf einmal so dunkel, dass man es mit Händen greifen kann. Da fürchtet sich der kleine Häwelmann und ruft: „Leuchte, alter Mond, leuchte!" Aber der Mond ist nirgends zu sehen und auch die Sterne nicht; alle sind schon ins Bett gegangen. Niemand sieht ihn fahren, die Menschen nicht, die Tiere nicht und auch nicht die Sterne.

Endlich guckt unten, ganz unten am Himmelsrand ein rotes rundes Gesicht zu ihm herauf und der kleine Häwelmann meint, der Mond sei wieder aufgegangen. „Leuchte, alter Mond, leuchte!" Er bläst wieder die Backen auf und fährt quer über den Himmel geradewegs auf das rote Gesicht zu.

Es war aber die Sonne, die eben aus dem Meere heraufkam. „Junge", ruft sie erstaunt, „was machst du denn hier in meinem Himmel!" Und eins, zwei, drei nimmt sie den kleinen Häwelmann und wirft ihn mitten in das große Wasser. Da konnte er schwimmen lernen.

Und dann?

Ja, und dann? Weißt du nicht mehr? Wenn ich und du nicht gekommen wären und den kleinen Häwelmann in unser Boot genommen hätten, so hätte er doch leicht ertrinken können.

4.16 Der Wassermann

Ein kleiner Junge badete für sein Leben gern. Er kümmerte sich nicht um die Ermahnungen seiner Eltern und sprang sogar bei Hochwasser in den Fluss. Eines Tages aber wurde er von der reißenden Strömung gepackt und abgetrieben.

Der kleine Junge ruderte aus Leibeskräften mit den Armen. So konnte er sich eine Weile über Wasser halten. Dann aber verließen ihn die Kräfte, und er rief um Hilfe. Niemand an Land hörte ihn.

Zum Glück aber hörte ihn der Wassermann. Und weil der kleine Junge ihm gefiel, beschloss er, ihn zu retten. Schon lange fühlte er sich einsam in seinem großen Unterwasserreich, und er hoffte, mit dem Jungen etwas Gesellschaft zu bekommen.

So nahm er den Kleinen auf den Arm und trug ihn in sein wunderschönes Schloss, das auf dem Grunde des Flusses stand. Dort legte er ihn behutsam aufs Bett und wartete ab. Bald schlug der Junge die Augen auf. Er schaute sich um und sah, dass er sich in einem Zimmer befand, das war ganz aus Edelsteinen. Auch das Bett, auf dem er lag war aus einem Edelstein. Daneben stand ein Nachttisch mit vielen Spielsachen. Auch die waren allesamt aus den edelsten Steinen und funkelten so verführerisch, dass er die Hand nach ihnen ausstreckte.

Aber da fiel ihm sein Elternhaus ein, und er brach in Tränen aus. „Warum weinst du, Kleiner?“, fragte der Wassermann bestürzt. „Weil ich nach Hause möchte!“, schluchzte der kleine Junge. „Ist es denn in deinem Elternhaus etwa schöner als in meinem Schloss?“, fragte der Wassermann erstaunt. „Viel schöner!“, rief der Junge und weinte noch lauter. Als der Wassermann merkte, dass er den kleinen Jungen nicht trösten konnte, wartete er, bis er sich in den Schlaf geweint hatte. Dann nahm er ihn behutsam auf den Arm und trug ihn in ein anderes Zimmer.

Als der kleine Junge erwachte, lag er in einem Zimmer, das ganz aus Silber bestand. Die Wände, der Fußboden und die Decke waren aus purem Silber. Auch sein Bett war aus Silber und auf einem silbernen Nachttisch standen lauter silberne Spielsachen. So ein Reichtum! Wie verzaubert starrte der kleine Junge all die Herrlichkeiten an. Er nahm einige der silbernen Spielsachen in die Hand und begann, damit zu spielen. Doch schon nach wenigen Augenblicken fielen ihm sein Brüderchen und sein Schwesterchen ein, mit denen er sonst immer spielte, und er brach wieder in Tränen aus. Gleich kam der

Wassermann gelaufen. „Warum weinst du, Kleiner?“, fragte der Wassermann traurig. „Weil ich zu meinem Bruder und zu meiner Schwester möchte!“, antwortete der Junge schluchzend. Der Wassermann versuchte den Jungen zu trösten, aber es gelang ihm nicht. Da wartete er wieder, bis sich der Junge in den Schlaf geweint hatte. Er nahm ihn behutsam auf den Arm und trug ihn in ein drittes Zimmer.

Und als der Junge dort die Augen aufschlug, sah er, dass alles aus Gold war: der Fußboden, die Wände, die Zimmerdecke, das Bett, der Nachttisch und die Spielsachen. Alles war aus purem Gold. Davon hatte seine Mutter ihm schon einmal ein Märchen erzählt, erinnerte sich der kleine Junge. Aber er hätte nie geglaubt, dass es dermaßen leuchten und funkeln würde. Geblendet schloss er die Augen, blinzelte dann wieder, sah die wunderbaren Spielsachen, griff nach ihnen und begann mit ihnen zu spielen. Der Wassermann sah ihm erfreut zu. Doch bald musste der kleine Junge an seine Eltern denken, die oft mit ihm gespielt hatten, und er brach in Tränen aus.

„Warum weinst du, Kleiner?“, fragte der Wassermann betrübt. „Weil ich zu Vater und Mutter möchte!“, schluchzte der Junge. Da wunderte sich der Wassermann, denn er selbst hatte niemals Vater und Mutter, Bruder und Schwester besessen. „Sind dir Vater und Mutter denn lieber als pures Gold?“, fragte er. „Ja, viel lieber!“, rief der Junge.

Voller Trauer ging der Wassermann fort. Er sammelte alle Perlen, die in seinem Unterwasserreich zu finden waren, und häufte sie vor dem Jungen auf. „Sind dir Vater und Mutter auch lieber als diese Perlen?“, fragte er. Der kleine Junge kniff die Augen zusammen, geblendet von den glitzernden Perlen. „Ja!“, rief der Junge. „Das ist alles sehr schön, aber Vater und Mutter können auch die Perlen nicht ersetzen. Ich liebe sie mehr als Edelsteine, Silber, Gold und Perlen, mehr als die ganze Welt.“

Da erkannte der Wassermann, dass es ihm nicht gelingen würde, den Jungen zu trösten. Er wartete, bis er wieder eingeschlafen war, nahm ihn behutsam auf den Arm und trug ihn ans Ufer des Flusses. Vorsichtig bettete er ihn neben seine ärmlichen Kleider, die dort noch lagen und breitete eine Decke über ihn, die war aus silbernen und goldenen Fäden gewebt und mit Perlen geschmückt. Die Taschen des Kleinen füllte der Wassermann zum Abschied mit Gold und Perlen. Danach kehrte er betrübt in sein kostbares, aber einsames Schloss zurück.

Als der kleine Junge erwachte, sah er, dass er am Ufer des Flusses lag. Fröhlich sprang er auf und griff nach seinen Kleidern. Da merkte er, wie schwer ihre Taschen waren, fuhr hinein und fand darin Gold und Perlen. Da erkannte er, dass sein Erlebnis mit dem Wassermann kein Traum gewesen war. Schnell lief er heim zu Vater und Mutter, zu Bruder und Schwester.

Die saßen weinend in der Stube, denn sie dachten, dass ihr kleiner Junge ertrunken wäre. Als sie ihn sahen, kannte ihre Freude keine Grenzen. Durch das Gold und die edlen Perlen, die der Junge mitgebracht hatte, zog obendrein Wohlstand bei ihnen ein, sie bauten sich ein neues Haus und litten keine Not mehr. Die aus Gold und Silber gewirkte Decke aber bewahrten sie in Ehren zur Erinnerung an den Wassermann, der ihnen ihr Kind zurückgebracht hatte.

Der Wasser-Mann (in Leichter Sprache)

Es war einmal ein Junge.
Der badete sehr gerne in einem Fluss.
Aber das war manchmal gefährlich.
Einmal war der Fluss sehr wild.
Da blieb der Junge unter Wasser.
Fast wäre er ertrunken.
Aber da war der Wasser-Mann.
Der lebte unter Wasser.
Er hatte dort sein Unter-Wasser-Schloss.
Er rettete den Jungen.

Der Wasser-Mann wollte den Jungen gerne behalten.
Weil er sich oft einsam fühlte.
Und weil er den Jungen mochte.
Er brachte ihn in ein Zimmer.
Da war alles aus Edel-Steinen.
Der Wasser-Mann legte den Jungen in ein schönes Bett.
Der Junge wachte auf.
Er sah die schönen Edel-Steine.
Und er durfte auch mit ihnen spielen.
Das war toll.
Aber dann dachte er an sein Zuhause.
Und er wurde traurig.
Und fing an zu weinen.

Abb. 9:
Die Einsamkeit des Wassermanns,
Ausschnitt aus: Theodor Kittelsen: Fossegrimen (1887)

Der Wasser-Mann versuchte ihn zu trösten.
Er brachte ihn in ein zweites Zimmer.
Da war alles aus Silber.
Auch das Spielzeug.
Der Junge freute sich.
Er fing an zu spielen.
Aber dann dachte er an sein Zuhause.
Und er wurde traurig.
Und fing an zu weinen.

Der Wasser-Mann versuchte ihn zu trösten.
Er brachte ihn in ein drittes Zimmer.
Da war alles aus Gold.
Auch das Spielzeug.

Der Junge freute sich.
Er fing an zu spielen.
Aber dann dachte er an sein Zuhause.
Und wieder wurde er traurig.
Und fing an zu weinen.

Da merkte der Wasser-Mann, dass der Junge nach Hause wollte.
Und dass nichts anderes ihn trösten konnte.
Da brachte er ihn ans Ufer.
Er legte ihn vor-sichtig ins Gras.
Und weil er ihn so lieb hatte,
legte er Edel-Steine, Silber und Gold daneben.

So fand ihn seine Familie.
Die hatten schon gedacht, er sei tot.
Jetzt freuten sie sich sehr.
Sie freuten sich auch über Edel-Steine, Silber und Gold.
Denn jetzt hatten sie ausgesorgt.
Sie bedankten sich beim Wasser-Mann.
In Gedanken.
Und haben ihn nie vergessen.

4.17 Der Tempel der tausend Spiegel

Es war einmal ein Tempel in Indien. Sein Name war „Tempel der tausend Spiegel“. Er lag hoch oben auf einem Berg und seine Türme verschwanden in den Wolken.

Eines Tages hatte ein Hund den Berg bestiegen. Er lief die Stufen des Tempels hinauf. Das Tor öffnete sich und der Hund trat ein. Da sahen ihm aus tausend Spiegeln tausend Hunde entgegen.

Der Hund bekam es mit der Angst zu tun. Er sträubte sein Nackenfell. Er klemmte den Schwanz zwischen die Beine. Er knurrte furchtbar und fletschte die Zähne.

Da sträubten tausend Hunde ihr Nackenfell. Tausend Hunde klemmten die Schwänze zwischen die Beine. Tausend Hunde knurrten furchtbar und fletschten die Zähne.

Voller Panik rannte der Hund aus dem Tempel. Nie wieder besuchte er ihn und glaubte von nun an, dass die ganze Welt aus gefährlichen und bedrohlichen Hunden bestehe.

Einige Zeit später hatte wieder ein Hund den Berg bestiegen. Er lief die Stufen des Tempels hinauf. Das Tor öffnete sich und der Hund trat ein. Da sahen ihm aus tausend Spiegeln tausend Hunde entgegen.

Der Hund freute sich und wedelte mit dem Schwanz. Da freuten sich in tausend Spiegeln tausend Hunde und wedelten mit dem Schwanz! Der Hund lief munter hin und her und machte die Geste des Spiels. Da liefen tausend Hunde munter hin und her und machten die Geste des Spiels.

Seit dieser Zeit dachte der Hund: Die Welt ist voller freundlicher Hunde, mit denen ich spielen kann. Frohgemut lief er den Berg hinunter in die Welt. Und Zeit seines Lebens fand er andere Hunde, mit denen er spielen konnte.

4.18 Das Töpfchen

Es war einmal (und es war auch nicht)[12] eine arme Frau mit einer Tochter. Die Mutter spann vom Abend bis zum Morgen Garn. Das Mädchen verkaufte das Garn auf dem Basar, und so verdienten sie ihren Lebensunterhalt.

Eines Tages hatte die Mutter wieder Garn gesponnen. Sie gab es dem Mädchen. Das Mädchen ging auf den Basar und bekam gutes Geld dafür. Auf dem Weg zum Bäcker aber sah es einen kleinen Topf. Der Topf gefiel dem Mädchen so sehr, dass es den Topf kaufte.

Als das Mädchen nach Hause kam, war kein Brot zum Essen da, stattdessen hatte es nur den schönen Topf in der Hand. Da schlug die Mutter das Mädchen und warf den Topf auf die Straße. An diesem Tag mussten sich Mutter und Tochter hungrig schlafen legen.

Am Morgen kehrte eine Hebamme von einer Geburt zurück und sah auf der Straße den schönen Topf liegen. Die Hebamme nahm ihn mit nach Hause. Sie wusch und reinigte ihn. Dann bereitete sie eine Weinblattroulade zu, setzte den Topf auf den Herd und kochte darin das Essen.

Gerade als sie den Deckel hob und sich ans Essen setzen wollte, klopfte es an der Tür. „Komm schnell", rief die aufgeregte Stimme eines Mannes, „meine Frau liegt schon lange in den Wehen. Sie braucht jetzt deine Hilfe."

Die Hebamme sagt zu sich: „Ich esse, wenn ich zurückkomme." Sie lässt das Essen stehen und geht.

Da steht der Topf auf – holterdiepolter – und geht schnurstracks zum Haus des Mädchens. Er klopft an die Tür, das Mädchen läuft zur Tür und fragt:

„Wer ist da?"
Der Topf antwortet: „Das Töpfchen."
Das Mädchen fragt: „Was ist darin?"
Der Topf sagt: „Eine kleine Weinblattroulade."

Das Mädchen holt die Weinblattroulade heraus und wirft den Topf auf die Straße. Die Mutter und die Tochter setzen sich an den Tisch und lassen sich die Weinblattroulade gut schmecken.

---

12 Diese typische Einleitungsformel in türkischen Märchen kann man je nachdem, was für die Zuhörenden passender erscheint, weglassen. Näher am orientalischen Kontext sind auch die mit * versehenen Begriffe. Man wird sie verwenden, wenn man sie als bekannt voraussetzt.

Das Töpfchen

Die Frau des Sultans war mit ihrer Zofe auf dem Weg (ins Hamam*) in die Badeanstalt. Da sieht sie auf der Straße einen schönen Topf. „Nimm diesen Topf!“, sagt sie zu ihrer Zofe. Die Zofe nimmt den Topf und sie gehen ins Bad. Die Sultanin zieht sich aus und legt ihre Diamanten und Perlen in den Topf. Sie gibt den Topf ihrer Zofe und steigt ins Bad. Als die Zofe den Topf im Arm hält, wird sie plötzlich sehr müde und schläft ein.

Der Topf geht schnurstracks zum Haus des Mädchens und klopft an die Tür. Das Mädchen fragt:

„Wer ist da?“
Der Topf antwortet: „Das Töpfchen.“
Das Mädchen sagt: „Was ist darin?“
Der Topf sagt: „Etwas Schönes.“

Das Mädchen nimmt die Diamanten und die Perlen und wirft den Topf auf die Straße.

Am nächsten Tag ging der Prinz mit seinem (Lala*) Kammerdiener (ins Hamam*) in die Badeanstalt. Er sieht den Topf auf der Straße und sagt zu seinem Kammerdiener: „Nimm diesen Topf, was ist das für ein schöner Topf!“

Der Diener nimmt den Topf. Sie gehen ins Bad. Der Prinz badet, reinigt sich und lässt sich rasieren. Der Topf nimmt den Prinzen – hopp – in sich auf und bringt ihn schnurstracks zum Haus des Mädchens. Er klopft an die Tür, das Mädchen läuft zur Tür und fragt:

„Wer ist da?“
Der Topf antwortet: „Das Töpfchen.“
Das Mädchen fragt: „Was ist darin?“
Der Topf antwortet: „Ein kleiner Bräutigam.“

Als das Mädchen den Deckel des Topfes aufhebt, steigt ein Prinz heraus, schön wie der Vollmond. Der Prinz schaut das Mädchen an und verliebt sich sofort in sie. Sie ist ein Mädchen, schön wie eine Prinzessin. Sie trägt Diamanten und Juwelen.

Der Prinz fragt: „Mädchen, willst du mich heiraten?“

Das Mädchen ist einverstanden. Sie feiern vierzig Tage und vierzig Nächte lang Hochzeit und das Mädchen wirft den Topf nicht mehr auf die Straße.

Sie hatten das Ziel ihrer Wünsche erreicht.

4.19 Das Laute spielende Eselein

Es lebten einmal ein König und eine Königin, die waren reich und hatten alles, was sie sich wünschten, nur keine Kinder. Die Königin klagte darüber Tag und Nacht. „Ich bin wie ein Acker, auf dem nichts wächst", sagte sie. Endlich erfüllte Gott ihren Wunsch.

Aber das Kind sah gar nicht aus wie ein Kind. Nein, es sah aus wie ein junges Eselein. Als die Mutter das Eselein erblickte, fing ihr Jammer und Geschrei erst recht an. „Lieber hätte ich gar kein Kind gehabt als so einen Esel!", rief sie. „Werft ihn ins Wasser, damit ihn die Fische fressen!"

Der König aber sprach „Nein, Gott hat ihn gegeben. So soll er auch mein Sohn und Erbe sein. Nach meinem Tod soll er auf dem königlichen Thron sitzen und die königliche Krone tragen."

Also wurde das Eselein aufgezogen. Es wurde größer und größer und die Ohren wuchsen ihm hoch und gerade wie es bei den Eseln üblich ist. Das Eselein war fröhlich, es sprang herum, spielte und liebte ganz besonders die Musik. Eines Tages war ein berühmter Lautenspieler[13] zu Gast beim König. Das Eselein hörte sein schönes Spiel und sprach: „Das möchte ich lernen. Ich möchte die Laute so schön spielen wie du!" „Ach, lieber Königssohn", antwortete der Spielmann, „ich fürchte, dass eure Finger dazu zu groß sind und die Saiten der Laute kaputt gehen würden." Aber das Eselein bestand darauf, das Lautenspiel zu lernen. Und da es ja auch der Sohn des Königs war, blieb dem berühmten Lautenspieler nichts anderes übrig, als ihn zu unterrichten. Und das Eselein war ausdauernd und fleißig. Und am Ende konnte es so gut spielen wie der Meister selbst.

Einmal ging der Königssohn spazieren und dachte so vor sich hin. Da kam er an einen Brunnen. Er beugte sich darüber und schaute in das Wasser, das so hell war wie ein Spiegel. Und da sah er, dass er aussah wie ein Eselein. Darüber war er so traurig, dass er beschloss, in die weite Welt zu gehen. Und so zog er in die weite Welt hinaus und nahm nur einen treuen Freund mit. Sie zogen auf und ab, hierhin und dorthin und schließlich kamen sie zu einem anderen Königreich. Dort herrschte ein alter König, der hatte eine wunderschöne Tochter.

Das Eselein sagte: „Hier wollen wir bleiben." Es klopfte ans Tor und rief: „Es ist ein Gast draußen. Macht auf, wir wollen hereinkommen." Aber nie-

13 Nach eigener Einschätzung kann das Wort Lautenspieler auch durch das bekanntere „Gitarrist" ersetzt werden.

Abb. 10:
Otto Ubbelohde: Das Eselein

mand machte ihm auf. Da setzte es sich hin, nahm seine Laute und spielte sie ganz wunderschön. Der Türhüter sperrte höchst erstaunt seine Augen auf, lief zum König und sprach: „Da draußen sitzt ein junges Eselein vor dem Tor, das spielt die Laute so gut wie ein gelernter Meister." „So lass mir den Musiker hereinkommen", sprach der König. Als aber ein Eselein hereintrat, fingen alle an über es zu lachen.

Es sollte aber etwas zu essen bekommen und wurde unten am Tisch zu den Knechten gesetzt. Aber es sagte: „Ich bin kein einfaches Stalleselein, ich bin ein vornehmes." Da sagten die anderen: „Wenn du das bist, so setze dich zu dem Kriegsvolk." „Nein", sagte das Eselein, „ich will beim König sitzen."

Der König lachte gutmütig und sagte: „Ja, es soll so sein, wie du verlangst, Eselein, komm her zu mir." Als das Eselein neben dem König saß, fragte der König: „Eselein, wie gefällt dir meine Tochter?" Das Eselein drehte den Kopf zu ihr, schaute sie an, nickte und sagte: „Ausgesprochen gut. Sie ist so schön wie ich noch keine gesehen habe." „Nun, so sollst du auch neben ihr sitzen", sagte der König. „Das ist mir eben recht", sagte das Eselein und setzte sich an ihre Seite. Das Eselein aß und trank und alle merkten, dass es eine gute Erziehung hatte und sich bei Tisch gut zu benehmen wusste.

So blieb das Eselein eine ganze Zeit lang am Hof des Königs und seiner schönen Tochter. Eines Tages aber dachte es: „Was hilft das alles, du musst wieder heim." Es ließ den Kopf traurig hängen, trat vor den König und verlangte seinen Abschied. Der König hatte es aber lieb gewonnen und sagte: „Eselein, was ist mit dir? Du schaust ja sauer wie ein Essigkrug. Bleib bei mir, ich will dir geben, was du verlangst. Willst du Gold?"

„Nein", sagte das Eselein und schüttelte mit dem Kopf.

„Willst du Kostbarkeiten und Schmuck?"

„Nein."

„Willst du mein halbes Reich?"

„Ach nein."

Da sprach der König: „Wenn ich nur wüsste, was dich vergnügt machen könnte.

Willst du meine schöne Tochter zur Frau?"

„Ach ja", sagte das Eselein, „die möchte ich wohl haben."

Und auf einmal war das Eselein ganz lustig und guter Dinge, denn das war genau das, was es sich gewünscht hatte.

Also wurde eine große und prächtige Hochzeit gehalten.

Abends gingen Braut und Bräutigam schlafen. Der König wollte aber wissen, ob sich das Eselein auch gut benimmt und er befahl einem Diener, sich im Schlafzimmer der beiden zu verstecken. Und was sah der Diener? Als das Eselein dachte, es wäre mit seiner Braut allein, warf es auf einmal seine Eselshaut ab und stand da als ein schöner königlicher Jüngling.

„Nun siehst du, wer ich bin", sagte er zu seiner Braut. Da war die Braut froh, küsste ihn und hatte ihn von Herzen lieb. Als aber der Morgen kam, sprang der Bräutigam auf, zog seine Eselshaut wieder über, und kein Mensch hätte gedacht, was für einer dahinter steckt.

Der Diener erzählte dem König, was er gesehen hatte und der König konnte es kaum glauben. Also schlich er sich in der nächsten Nacht selbst ins Zimmer der beiden. Und als er zum Bett kam, sah er im Mondschein einen stolzen Jüngling da ruhen, und die Haut lag abgestreift auf der Erde. Entschlossen nahm der König die Eselshaut mit. Draußen ließ er sogleich ein gewaltiges Feuer entzünden, warf die Eselshaut hinein und wartete bis sie ganz zu Asche verbrannt war.

Als der Jüngling am Morgen ausgeschlafen hatte, stand er auf und wollte die Eselshaut anziehen, aber sie war nicht zu finden. Da erschrak er sehr und sprach voll Trauer und Angst zu sich selbst: „Nun muss ich fliehen." Doch als er hinaustrat, stand da der König und sprach: „Mein Sohn, wohin so eilig, was hast du im Sinn? Bleib hier, du bist ein so schöner Mann, du sollst nicht wieder von mir weggehen. Ich gebe dir jetzt mein Reich halb, und nach meinem Tod bekommst du es ganz."

„So wünsch ich, dass der gute Anfang auch ein gutes Ende nehme", sagte der Jüngling, der ein Eselein gewesen war: „Ich bleibe bei euch." Da gab ihm der alte König das halbe Reich. Und als er nach einem Jahr starb, bekam er das ganze. Und als sein eigener Vater gestorben war, bekam er das Reich seines Vaters noch dazu. Und so lebten sie in aller Herrlichkeit.

4.20 Die weiße Taube

Es war einmal ein König. Der hatte einen herrlichen Palast und vor dem Palast stand ein prächtiger Birnbaum. Der trug jedes Jahr die schönsten Früchte. Aber jedes Mal, wenn die Birnen reif waren, wurden sie in einer Nacht alle weggeholt. Kein Mensch wusste, wer es getan hatte, der König selbst nicht und auch nicht seine Ratgeber.

Der König aber hatte drei Söhne, davon wurde der jüngste für dumm gehalten. Deshalb hieß er Dummling. Der König befahl nun seinem ältesten Sohn, er solle ein Jahr lang jede Nacht unter dem Birnbaum wachen, damit der Dieb einmal entdeckt werde. Der älteste Sohn tat, wie ihm der Vater befohlen hatte und wachte Nacht für Nacht. Im Frühjahr blühte der Baum und die Blüten wurden zu Früchten. Sie wurden größer und als sie im Sommer reifer und reifer wurden, wachte der älteste Sohn noch fleißiger. Doch genau in der Nacht als die Birnen so reif waren, dass sie am nächsten Tag gepflückt werden sollten, überfiel ihn ein Schlaf. Er konnte nicht anders und schlief ein. Und als er wieder aufwachte, waren alle Birnen fort und nur noch die Blätter übrig.

Da befahl der König seinem zweiten Sohn, ein Jahr lang zu wachen. Dem ging es nicht besser als dem ersten, so sehr er sich auch bemühte. In der letzten Nacht konnte er sich des Schlafes nicht mehr erwehren, und am Morgen waren die Birnen alle fort.

Endlich befahl der König dem Dummling, ein Jahr lang zu wachen. Darüber lachten alle, die an des Königs Hof waren. Der Dummling aber wachte. In der letzten Nacht wurde auch er sehr müde, aber er schaffte es, nicht einzuschlafen. Und so sah er, wie eine weiße Taube geflogen kam, eine Birne nach der andern abpickte und fort trug. Als die Taube mit der letzten Birne fortgeflogen war, stand der Dummling auf und ging ihr nach. Die Taube flog aber auf einen hohen Berg und verschwand auf einmal in einem Felsenritz.

Der Dummling sah sich um. Da stand ein kleines graues Männchen neben ihm. Der Dummling grüßte es freundlich und sagte: „Gott segne dich!" – „Gott hat mich gesegnet in diesem Augenblick", sagte das kleine graue Männchen. „Deine Worte haben mich erlöst. Steig du jetzt in den Felsen hinab, da wirst du dein Glück finden."

Der Dummling trat in den Felsen, viele Stufen führten ihn hinunter, und als er unten ankam, sah er die weiße Taube. Sie war ganz von Spinnweben umstrickt und zugewebt, so dass sie sich kaum mehr bewegen konnte. Aber kaum hatte sie den Dummling gesehen, da hatte sie die Kraft, die Spinnweben zu durchbrechen. Und als sie den letzten Faden zerrissen hatte, stand eine schöne Prinzessin vor ihm, die hatte er auch erlöst. Sie wurde seine Gemahlin und der Dummling wurde ein reicher König und regierte sein Land mit Weisheit.

Die weiße Taube (in Leichter Sprache)

Es war einmal ein König.
Er lebte in einem Schloss.
Davor stand ein schöner Birn-Baum.
Im Frühjahr blühte der Birn-Baum.
Dann wurden aus den Blüten Birnen.
Aber immer, wenn sie reif waren, wurden sie gestohlen.
Mitten in der Nacht.

Der König hatte drei Söhne:
Den Ältesten.
Den Mittleren.
Und den Dummling.

Der König befahl dem Ältesten aufzupassen.
Finde heraus, wer die Birnen klaut!
Aber er schlief ein und schaffte es nicht.

Dann befahl der König dem Mittleren aufzupassen.
Finde heraus, wer die Birnen klaut!
Aber auch er schlief ein und schaffte es nicht.

Da wollte der Dummling es probieren.
Alle lachten ihn aus.
Aber er probierte es trotzdem.
Und er schaffte es, wach zu bleiben.
So sah er die weiße Taube.

Die trug alle Birnen weg.
Eine nach der anderen.

Der Dummling folgte ihr.
Die Taube flog auf einen Berg.
Sie flog in eine Höhle in dem Berg.

Der Dummling folgte ihr.
Und was sah er?
Er sah, wie die Taube in einem Spinn-Web gefangen war.
Der Dummling befreite sie.

Und da war die Taube eine schöne Prinzessin.
Er verliebte sich sofort in sie.
Und sie feierten Hoch-Zeit.
Der Dummling wurde ein reicher und kluger König.

4.21 Die Bremer Stadtmusikanten in Lilienthal

Ein Esel hatte seinem Herrn lange Jahre gedient und ihm die Säcke zur Mühle getragen. Nun aber gingen seine Kräfte zu Ende. Er war für die schwere Arbeit nicht mehr zu gebrauchen. Da dachte sein Herr: „Das wird mir zu teuer, ihn weiter zu füttern, wenn er nichts mehr tragen kann." Der Esel spürte das und dachte bei sich: „Bevor der mich zum Schlachter bringt, gehe ich lieber nach Bremen und werde dort Stadtmusikant."

Gedacht, getan: Als der Herr am Morgen das Tor offen gelassen hatte, ging er alleine hinaus und machte sich auf den Weg nach Bremen.

Als er ein Weilchen gegangen war, fand er einen Jagdhund auf dem Wege liegen, der japste wie einer, der sich müde gelaufen hat. „Nun, was japst du so?", fragte der Esel. „Ach", sagte der Hund, „ich bin alt und werde jeden Tag schwächer. Mein Herr kann mich für die Jagd nicht mehr gebrauchen und bevor er mich totschlägt, bin ich lieber weggelaufen. Aber nun habe ich Durst."

„Weißt du was", sagte der Esel, „ich gehe nach Bremen und werde dort Stadtmusikant. Komm doch mit und lass uns zusammen Musik machen. Ich spiele die Laute, und du schlägst die Pauken." Das gefiel dem Hund und als sie an einen Bach gekommen waren, nahmen sie einen kräftigen Schluck und zogen vergnügt weiter.

Es dauerte nicht lange, da sahen sie eine Katze am Weg sitzen. Die machte ein Gesicht wie drei Tage Regenwetter. „Oh, was ist denn dir in die Quere gekommen?", fragte der Esel. „Wer kann schon lustig sein, wenn's einem an den Kragen geht", antwortete die Katze. „Ich bin in die Jahre gekommen, die Zähne sind stumpf und mir fehlt die Schnelligkeit für die Mäusejagd. Lieber sitze ich hinter dem Ofen. Da aber habe ich gehört, dass die Frau mich ertränken will. Bevor das geschieht, bin ich lieber weggelaufen. Aber nun weiß ich nicht, wie es weitergehen soll."

„Dann komm doch mit uns nach Bremen", sagten der Esel und der Hund wie aus einem Munde. „Wir werden dort Stadtmusikanten und zu dritt klingt die Musik sicher noch schöner." Der Katze gefiel das sehr. „Ich wollte schon immer die Klarinette spielen", sagte sie und so zogen sie zu dritt weiter.

Nun waren sie schon ein gutes Stück gegangen und hatten schon so manches Lied geprobt. Da kamen sie an einem Hof vorbei, da saß auf dem Tor der Hahn und schrie aus Leibeskräften. „Du schreist ja, dass es einem durch Mark und Bein geht", sagten die drei, als er gerade eine Pause eingelegt hatte. „Mein Lebtag habe ich den Morgen verkündet und das Wetter prophezeit", sagte der

Abb. 11:
Die Bremer Stadtmusikanten.
Aus der sechsteiligen Postkartenserie
von Oskar Herrfurth (1862–1934)

Hahn, „aber weil Morgen zum Sonntag Gäste kommen, so will die Frau mir doch an den Kragen. Sie hat der Köchin gesagt, sie wolle mich morgen in der Suppe haben. Nun singe ich noch einmal, so gut ich kann."

„Das trifft sich ja vorzüglich", sagten der Esel, der Hund und die Katze wie aus einem Munde. „Wir wollen nach Bremen und dort als Stadtmusikanten auftreten und uns fehlt noch ein Sänger. Komm doch mit uns." Das ließ sich der Hahn nicht zweimal sagen und vergnügt zogen sie zu viert weiter. Ab und zu durfte die Katze, wenn sie müde war, ein Stücklein auf dem Esel reiten und manchmal auch der Hund. Und der Hahn flatterte das eine und andere Mal voraus, um zu schauen, ob hinter der nächsten Kurve schon Bremen in Sicht sei.

Sie konnten aber die Stadt Bremen in einem Tag nicht erreichen und kamen abends in einen Wald, wo sie übernachten wollten. Sie teilten sich die kargen Reste, die sie noch in ihren Taschen hatten, und spielten ein Abendlied zusammen. Dann hängten sie ihre Instrumente an die Äste eines großen Baumes unter das dichte Blätterdach. Der Esel und der Hund machten es sich unter dem Baum gemütlich. Die Katze kletterte in die Äste und der Hahn flog bis in die Spitze, wo es am sichersten für ihn war. So schliefen sie ein.

Am Morgen war der Hahn als erster wach und sang ein altes Morgenlied, das er so fröhlich schon lange nicht mehr gesungen hatte. Sie tranken an einem kleinen Bach, wuschen sich und zogen musizierend und singend weiter, denn sie wollten in Bremen ein neues Leben beginnen.

Bald sahen sie in der Ferne einen wunderschönen Bauernhof. Dort spielten die Kinder und auf der Weide standen eine alte Kuh, ein klappriges Pferd und eine etwas dürre Ziege. Und ein paar Hühner liefen herum, die schon lange keine Eier mehr gelegt hatten und ein paar alte Hähne, die das noch nie gekonnt hatten.

Als sie in die Hofeinfahrt einbogen, sahen sie ein Schild. „Kannst du lesen?", fragte der Hund die Katze. „Nein, leider nicht, aber vielleicht der Hahn?" „Ich konnte es einmal", behauptete der Hahn, „aber nun sind meine Augen doch zu schwach. Aber vielleicht kann der Esel lesen, er ist ja der Größte von uns." „Nein, leider nicht", sagte der Esel traurig, „ich wäre so gerne zur Schule gegangen, aber mein Herr meinte, wer die Säcke trägt, muss nicht wissen, was drauf steht." So konnten sie nicht lesen, dass auf dem Schild „*Lebenshof Lilienthal*" stand und dachten: „Am besten spielen wir erst einmal ein Lied, dann wissen sie, dass wir in Frieden kommen und keine Gefahr sind."

Und sie spielten: „Wenn die Bettelleute tanzen, wackeln Kober und der Ranzen." Und sogleich versammelten sich die Kinder um sie herum und fingen an zu tanzen und wer genau hinschaute, konnte sehen, dass auch die Tiere auf der Weide gleich viel munterer wurden und ein wenig mit den Beinen wippten. Und schon bald konnten die Kinder den Refrain mitsingen: „Eia, eia, eia, so geht's, so geht's, so geht's. Ei, so geht's, so geht's. Ei, so geht's, so geht's, wackeln Kober und der Ranzen." Und das Pferd lachte laut und die Ziege stimmte etwas meckerig mit ein.

„Was ist denn hier los?", tönte eine tiefe Stimme und der Bauer schaute erstaunt auf die vier Musikanten, die tanzenden Kinder und seine Tiere. Aber er wunderte sich nicht lange, denn er war so einiges gewöhnt und traute den Tieren mehr zu als andere Menschen es taten. „Na, dann kommt erst mal rein", sagte er, denn er hatte schon gesehen, dass sie allesamt sehr hungrig waren. Dafür hatte er einen Blick. Er gab ihnen reichlich zu essen und zu trinken und dann durften sie erst einmal ausgiebig faulenzen.

Am nächsten Tag gingen die vier auf den Marktplatz, musizierten nach Herzenslust und bekamen so manche Münze in die Dose geworfen, die die Bäuerin ihnen mitgegeben hatte. Die gaben sie dem Bauern und der Bäuerin, die sich freuten. Jetzt hatten sie etwas mehr Geld für Futter, denn einfach war es nicht, die vielen Tiere durchzufüttern. Die Kinder hatten ihnen für ihren Auftritt ein Schild gemalt, darauf stand in bunten Lettern: „Bremer Stadtmusikanten." Das kam den Leuten bekannt vor und sie waren auch ein wenig stolz, dass die Bremer Stadtmusikanten bei ihnen im kleinen Lilienthal spielten und nicht in Bremen. Und so gaben sie immer reichlich. Mit der Zeit wurde bekannt, dass die Bremer Stadtmusikanten auf dem Marktplatz von Lilienthal spielten und die Leute kamen von nah und fern, auch aus Bremen.

Die vier aber, der Esel, der Hund, die Katze und der Hahn erfuhren erst viele Monate später, dass sie gar nicht bis nach Bremen gekommen waren. Aber das war ihnen auch egal. Denn besser als in Lilienthal konnten sie es nirgendwo haben.

Neu erzählt von Rosemarie Tüpker nach dem Märchen *Die Bremer Stadtmusikanten* der Brüder Grimm (KHM 27)

Die Bremer Stadt-Musikanten (in Leichter Sprache)

Bremen ist eine Stadt.
Stadt-Musikanten machen Musik auf der Straße.
Dafür bekommen sie Geld.

Ein Esel trug schwere Säcke.
Das war seine Arbeit.
Das machte er viele Jahre.
Dann war er alt.
Er konnte nicht mehr.
Sein Herr wollte ihn schlachten.
Aber er lief vorher weg.
Er wollte nach Bremen.
Dort wollte er Stadt-Musikant werden.

Also zieht der Esel los.
Unterwegs trifft er einen Hund.
Er war ein Jagdhund.
Und musste immer schnell laufen.
Aber jetzt war er alt und müde.
Sein Herr wollte ihn totschlagen.
Aber vorher lief er weg.

Der Esel fragt den Hund:
Willst du mit mir kommen?
Ich gehe nach Bremen.
Dort werde ich Stadt-Musikant.

Ich spiele Gitarre.
Du kannst vielleicht Trommel spielen.

Das gefällt dem Hund.
Er kommt mit.
Nun sind sie schon 2.

Sie treffen eine Katze.
Die jammert laut: Miau!
Was hast du?
Fragen der Esel und der Hund.
Ich musste immer die Mäuse fangen.
Sagt die Katze.
Aber nun bin ich müde.
Ich kann nicht mehr.
Meine Frau will mich ins Wasser werfen.
Katzen hassen Wasser.
Und ich kann nicht schwimmen.

Willst du mit uns kommen?
Fragen der Esel und der Hund.
Wir gehen nach Bremen.
Dort werden wir Stadt-Musikanten.
Der Esel spielt Gitarre.
Der Hund spielt die Trommel.

Ja, gerne.
Sagt die Katze.
Ich kann Flöte spielen.
Nun sind sie schon 3.

Sie kommen zu einem Bauern-Hof.
Da sitzt ein Hahn
Der schreit sehr laut.
Was ist los?
Fragen der Esel, der Hund und die Katze.
Die Köchin will mir den Kopf abhacken.
Und aus mir eine Suppe kochen.
Sagt der Hahn.

Willst du mit uns kommen?
Fragen der Esel, der Hund und die Katze.
Wir gehen nach Bremen.
Dort werden wir Stadt-Musikanten.
Der Esel spielt Gitarre.
Der Hund spielt die Trommel.
Die Katze spielt Flöte.
Wir brauchen noch einen Sänger!

Super!
Sagt der Hahn.
Singen kann ich gut.
Nun sind sie 4.

Am Abend kommen sie zu einem Bauern-Hof.
Der heißt Lebens-Hof.
Dort machen sie zum ersten Mal zusammen Musik.
Das klingt sehr schön.
Die Kinder tanzen dazu.
Und der Bauer gibt ihnen zu essen.
Reichlich.

Sie werden sehr satt.
Dann machen sie es sich gemütlich.

Sie blieben dort.
Bis an ihre Lebensende.
Tagsüber spielen sie Musik auf dem Markt-Platz.
Abends gehen sie zurück auf ihren Hof.
Zu dem Bauern und den anderen Tieren.
Sie waren glücklich und zufrieden.
Nun ist das Märchen aus.

5. Quellen, Reflexionen und Gestaltung

Die folgende Ergänzung der Märchen durch die Angabe von Quellen und Verbreitung, durch inhaltliche Reflexionen und Deutungen sowie Anregungen zur Gestaltung folgt der Reihenfolge in Kapitel 4.

5.1 Hans im Glück

Quellen und Verbreitung

Die früheste Aufzeichnung dieser Geschichte findet sich im Jahr 1818 bei Friedrich August Wernicke unter dem Titel *Hans Wohlgemut: Eine Erzählung aus dem Munde des Volkes* in: *Wünschelruthe – Ein Zeitblatt.* Nr. 33, 129–131.[14] Bei den Brüdern Grimm findet sich „*Hans im Glück*" ab der zweiten Auflage von 1819 der *Kinder- und Hausmärchen* als KHM 83.[15] Eine weitere Version veröffentlichte Ludwig Bechstein als *Hans im Glücke* in: *Deutsches Märchenbuch*, 1845, in der sich auch ein Scherenschleiferlied findet. Eine Fassung in Versen schuf 1832 Adelbert von Chamisso, ebenfalls als *Hans im Glücke*, in: *Deutscher Musenalmanach*, 3. Jahrgang, 1832 Indiana.[16]

Das Märchen ist in sehr vielen Märchensammlungen enthalten und fast jeder kennt es zumindest in groben Zügen. Es finden sich zahlreiche aktuelle Lese- und Hörfassungen, Spiele und Bildkarten, wobei allerdings manchmal nur der Titel benutzt wurde, ohne dass es tatsächlich um das Märchen geht. Vielen Menschen ist das Märchen von Hörkassetten im Ohr, etwa in der Fassung des Labels Bärli von 1991 oder von dem Label Karussel (Berlin) von 1997. Das Märchen wurde häufiger verfilmt, so bereits 1936 unter der Regie von Robert Herlth und noch einmal 1949 unter der Regie von Peter Hamel mit Gunnar Möller als Hans. 1956 folgte dann eine Fernsehproduktion der Augsburger Puppenkiste. 1999 wurde die Geschichte in einer erweiterten Fassung unter der Regie von Rolf Losansky mit Andreas Bieber als Hans neu verfilmt. Im Jahr 2015 produzierte die ARD das Märchen unter der Regie von Christian Theede mit Anton Spieker als Hans.[17]

14 Volltexte online: https://de.wikisource.org/wiki/Hans_Wohlgemut

15 Volltext online: https://de.wikisource.org/wiki/Hans_im_Glück_(1819)

16 Volltext online: https://gutenberg.spiegel.de/buch/gedichte-9564/82

17 Diese Fassung ist auch auf Youtube verfügbar.

1972 sang Mireille Mathieu das deutschsprachige Chanson *Hans im Glück* von Georg Buschor (Text) und Christian Bruhn (Musik), produziert von Gerhard Hämmerling.[18]

Reflexionen

Das Märchen lässt sich auf zwei entgegengesetzte Weisen hören und verstehen.[19] In der einen, bekannteren, gilt *Hans im Glück* als Schwank, als eine scherzhafte Erzählung von einem, der sich immer wieder übers Ohr hauen lässt. Man kann sich schlapp lachen über so viel Naivität und Dummheit, ein wenig Mitleid mit ihm bekommen und sich dabei selbst für so viel klüger halten. Da Hans aber der Protagonist des Märchens ist, mit dem man sich unweigerlich identifiziert, kann man es manchmal kaum aushalten, dass er sich durch seine ungünstigen Tauschgeschäfte um den gesamten Lohn seiner Arbeit bringen lässt. Das lässt sich abwehren durch die Aussage, das sei ja gar kein „richtiges Märchen", weil es für den Protagonisten nicht gut ausgehe. Aber dennoch klingt es ja am Schluss doch auch positiv. „Freudig sprang er auf, ledig aller Sorgen, aller Lasten, pries sich als den glücklichsten Menschen, und langte glücklich bei seiner Mutter an: Hans im Glücke", heißt es in der Version von Bechstein und „Mit leichtem Herzen und frei von aller Last sprang er nun fort, bis er Zuhaus' bei seiner Mutter war" bei den Grimms und „Alles, alles trifft mir ein,/Muß ein Sonntagskind wohl sein,/Und auf Glückeshaut geboren,/Hans im Glücke." bei Chamisso. Ein nicht aufgelöster Widerspruch: Eine solche Zumutung wird von einem Märchen nicht erwartet.

In der zweiten Version können wir *Hans im Glück* als ein Märchen vom Loslassen und Ankommen hören. Es erzählt von der Leichtigkeit dessen, der sich vom Materiellen, von Erfolg und Vorteilnahme, von den alltäglichen Zwängen und Gebundenheiten befreit hat und heimkehrt in eine Welt, in der all dies keine Rolle spielt. Das erinnert an die frühe Kinderzeit, aber es ist zugleich auch das Ankommen am Ende des Lebens. Es spiegelt die Vorstellung vom Tod als einer Heimkehr. Ist es nicht das, wovon uns die östlichen Lehren erzählen? Dass wir glücklich und frei sein werden, wenn wir alles loslassen? Und das, was Josef von Eichendorff in der letzten Strophe der *Mondnacht* (1835) besingt:

---

18 Gesungene Version online verfügbar: https://www.youtube.com/watch?v=eTT1p02TFD8.

19 Die Reflexionen beruhen auf den Einfällen einer Gruppe unter Einbeziehung einiger bekannter Interpretationen. Zur angewandten Methodik s. Tüpker, 2011.

„Und meine Seele spannte
Weit ihre Flügel aus,
Flog durch die stillen Lande,
Als flöge sie nach Haus."

Die Verkleinerung des Wohnraums, die viele Menschen im Alter erleben (müssen), hat diese beiden Seiten: Der Reichtum an Gegenständen, mit dem man sich im Laufe seines Lebens umgeben hat, muss aufgegeben werden, wenn man aus einem großen Haus in eine kleinere Wohnung zieht, von der eigenen Wohnung in ein Pflegeheim. Das ist traurig und mit dem Gefühl verbunden, um den Lohn der Arbeit gebracht zu werden, aber es kann auch eine Befreiung sein, sich nicht mehr um all das kümmern zu müssen. Das Märchen hat Platz für beide Gefühle.

Wer mit dementiell erkrankten Menschen zu tun hat, wird eine ähnliche Ambivalenz kennen, wie sie die beiden Lesarten des Märchens hervorrufen: den Schmerz über den Verlust der kognitiven Fähigkeiten und Geschäftstüchtigkeit des Betroffenen, das Weniger-Werden, die Alltagsuntauglichkeit. Aber wenn die Umgebung gut genug ist, kann auch dieses andere spürbar werden: das Glück jenseits der üblichen Werte, das Durchschimmern einer anderen Welt. Diese Seite spürbar werden zu lassen, dazu kann die Arbeit mit diesem Märchen eine Hilfestellung sein, für beide, den/die Betroffene/n und die Angehörigen und Betreuenden.

Auch in anderen Kontexten kann das Märchen die Wendung zur zweiten Verstehensweise eröffnen, etwa in der Verarbeitung materieller Verlusterfahrungen durch Flucht oder Vertreibung. Gerade weil das Märchen mit der Rückkehr in die Doppelfigur: Mutter/Heimat endet, könnte es zu Gesprächen anregen, ob und wie im eigenen Leben eine innere Heimat, ein Ort des Glücks (wieder-)gefunden werden kann und worin dieser bestehen kann.

Anregend ist in diesem Zusammenhang der Märchenfilm der ARD von 2015, in dem in romantischer Form eine Art Doppelglück gefunden wird, weil Hans nicht nur zu den Eltern zurückkehrt, sondern dort auch seine Geliebte (wieder-)findet. So ist die Rückkehr zugleich der Aufbruch in die neue Generation. Auch solche künstlerischen Verarbeitungen sind ja immer mögliche Ausdeutungen des Märchens.

Auch das Chanson von Mireille Mathieu legt die Metapher von *Hans im Glück* noch einmal anders aus als die Möglichkeit des Glücks in der Liebe, welches jedem offenstehe im Unterschied zu den Zufällen, denen wir bei der Verteilung materieller Güter ausgesetzt seien („Die Welt ist eine Lotterie …"). Auch der Gedanke, dass es dafür nie zu spät sei, ist eine hoffnungsvolle Ausdeutung der Märchen.[20]

„Hans im Glück kann jeder sein,
solang die Erde sich dreht.
Für ein Glück im Sonnenschein,
da ist es niemals zu spät.
Ich zähle nur die schönen Stunden,
denn ich bin wieder mal verliebt!
Hans im Glück kann jeder sein,
wenn er sein Herz einem andern gibt."

Spricht man in einer Gruppe über das Märchen und die Erfahrungen, die sich damit verbinden, so ist es wichtig weder zu moralisieren noch selbst eine der beiden Interpretationen zu bevorzugen. Märchen sind weder moralisch noch gibt es eine bessere oder schlechtere Interpretation. Märchen sind, wie die Werke der Kunst, immer offen für verschiedene, auch gegensätzliche Weisen, sie zu hören und sich *den eigenen Reim* darauf zu machen.

Möchte man dieses und andere Märchen als Anregung zum Austausch in der Gruppe nutzen, so ist es zum einen wichtig, sich selbst von seinen eigenen inneren Interpretationen zu lösen und zum anderen auch den verschiedenen Mitgliedern der Gruppe zu helfen, unterschiedliche Hörweisen als gleich richtig und wichtig anzuerkennen. Das Märchen interpretiert das Leben derer, die es aufnehmen und die subjektiven Erfahrungen der Hörer*innen interpretieren das Märchen.

In einer Gruppe kann ein Märchen so zum Kristallisationspunkt der verschiedenen Erfahrungen der Beteiligten werden und diese für einen Moment bündeln und zusammenführen. Darin lebt etwas von der mündliche Tradition des Märchenerzählens fort. In diesem Sinne ist *das Märchen* gar nicht notierbar, es lebt nur, indem es gesprochen, gelesen, gehört und so oder so verstanden wird.

20 vgl. Songtext bei www.songtexte.com/songtext/mireille-mathieu/hans-im-gluck-73c25ef9.html. Abgerufen am 13. März 2020.

Verwendung und Gestaltung

In der Arbeit mit alten Menschen (mit Demenz)

Als sinnliche Anregung werden Dinge vorbereitet, die im Märchen vorkommen und die sich zum Zeigen und Anfassen eignen:

- Der Klumpen Gold etwa kann durch einen goldfarben angesprühten Stein oder eine golden aussehende Kugel symbolisiert werden, die sich glatt und schön anfühlt, aber auch das Gefühl vermittelt, schwer zu sein. Dabei ist zu berücksichtigen, dass „schwer" ein relativer Begriff ist und alte Menschen oft weniger Kraft haben.
- Das Pferd, die Kuh, das Schwein und die Gans können sehr schön als Stofftiere angeboten werden, die sich gut anfühlen, die man gerne bei sich hat und die auch den Charakter des Begehrenswerten vermitteln. Es kann auch ein Tier aus Holz dabei sein: Ein Holzpferdchen etwa weckt vielleicht eine Erinnerung an die Kindheit. Heiterkeit könnte vielleicht eine aufblasbare Kuh oder Gans (oder Ente) aus Plastik auslösen, die es für kleines Geld zu kaufen gibt. Sie würde zugleich eine andere taktile Note in die Tierschar bringen. Die bekannten Tiere aus Hartgummi der Firma Schleich könnten für ältere Menschen mit Erinnerungen an das Spielzeug der eigenen Kinder oder Enkel verbunden sein und sind ebenfalls taktil und optisch attraktiv. (Die Produktion dieser naturgetreuen Spieltiere begann in den 1950er Jahren.) Möglicherweise sind sie aber für manche ältere Menschen in der Handhabung etwas zu klein oder nicht mehr gut zu sehen.
- Die Tiere können zu Beginn unter einem schönen Tuch verborgen sein und jeweils an der entsprechenden Stelle des Märchens, an der sie das erste Mal auftauchen, gezeigt und herumgegeben werden. Oder sie werden, z. B. bei einer wiederholten Nutzung des Märchens, vorher verteilt und dürfen dann jeweils bei der Person bleiben, die sich ein bestimmtes Tier ausgesucht hat. Dabei ist es wichtig, sich zu vergegenwärtigen, dass es nicht darauf ankommt, mit der Geschichte voranzukommen, sondern dass man in sich das Gefühl stärkt, das alles gleich wichtig ist: die Geschichte, das Aussuchen eines Tieres, ein paar Worte, die die Erzählung und den geplanten Ablauf durchaus unterbrechen dürfen.
- *„Als Hans zu einem Wirtshaus kommt, geht er hinein und bestellt für seine letzten Pfennige etwas zu essen und zu trinken."* Diese Stelle des Märchens lässt sich gut als Pause nutzen. Auch dafür kann man sich Zeit lassen und die Gelegenheit nutzen, herumzugehen, um mit jedem Einzelnen der Gruppe einen Kontakt aufzunehmen, ihm vielleicht die Hand zu

geben und etwas zu trinken zu reichen. Und auch wenn es keine Essenszeit ist, könnte in einem Körbchen eine kleine Leckerei angeboten werden, so dass jede/r Bewohner*in sich etwas daraus nehmen kann. Wenn ein/e Bewohner*in mit dem Aussuchen überfordert ist, kann man selbst mit ein paar liebevollen Worten etwas für ihn/sie aussuchen oder ihm nur zwei Dinge zur Auswahl anbieten.

- *„Mit der Gans kommt er nun bei einem Scherenschleifer vorbei. Der pfeift so vergnügt, dass er stehen bleibt.“* An diese Stelle passt das Scherenschleiferlied, das Bewohner*innen vielleicht aus der Pfadfinderzeit oder von Erfahrungen am Lagerfeuer kennen. Es lässt sich auch ohne Instrumente singen und pfeifen. Das Pfeifen kann eine heitere Note hineinbringen, auch, weil man weiß, dass das nicht immer gleich klappt. Oder es kann eine Person in den Vordergrund rücken, die vielleicht sonst nicht viel sagt, aber gut pfeifen kann. Das Lied lässt sich auch gut mit der Gitarre oder dem Akkordeon begleiten. Vielleicht mögen einige Bewohner nur den Refrain mitsingen oder nur an der entsprechenden Stelle pfeifen. Das darf auch zu einer Soloeinlage werden, bei der jemand auch etwas ganz anderes pfeifend zum Besten geben darf.
- Wer als Gruppenleiter*in die Möglichkeiten des eigenen Singens nicht hat oder sich das nicht zutraut, kann die Aufnahme des badischen Pfadfinderbundes nutzen, die sich gut zum Mitsingen eignet (und für Solopfeifeinlagen ja auch stoppen lässt).[21]

21 Sie findet sich zum Anhören und Herunterladen bei www.deezer.com/de/track/145172780 und entstammt dem Album „Und am Abend ziehen Gaukler durch den Wald.“ des badischen Pfadfinderbundes.

Das Scherenschleiferlied

Wenn einer stumpfe Scheren hat,
dem schleif' ich sie auf's neu
und ob ich morgen weiterzieh'
das ist mir einerlei.
(Pfeifen)

...

Ein Schnäpschen vor und nach dem Schnaps,
das sind zusammen drei!
Zwar hat mich meine Alte satt,
doch bleibt sie mir stets treu
(Pfeifen)

...

- Nach diesem musikalischen Intermezzo kommt man zum Märchen zurück mit dem Dialog von Hans und dem Scherenschleifer. Vielleicht kann man das mit einer kleinen Erinnerung einleiten und sagen: „Und was ist nun mit unserem Hans? Der Scherenschleifer fragt ihn: Wo hast du denn die Gans her?"

- Bei dem nun folgenden Dialog, in dem alle Tiere noch einmal genannt werden, können die gegenständlich vorhandenen Figuren noch einmal der Reihe nach gezeigt werden.
- Dann wird der Schluss des Märchens erzählt.
- Die Stunde kann ausklingen mit dem, was durch die Anregung des Märchens oder die Stimmung nun erzählt werden will. Ein solches Gespräch kann vielleicht entstehen, indem man offen lassend in den Raum sagt: „Tja, das ist so eine Sache mit dem Glück." oder „Ja, ja, das mit dem Glück kann man immer so oder so sehen." Und dann einfach eine Weile wartet, ob jemand sich einklinkt. Das kann manchmal eher dazu führen, dass gesprochen wird als eine direkte Frage des/der Anleitenden zu beantworten. Auch muss man sich ein Gespräch nicht unbedingt so vorstellen, wie man es kennt. Vielleicht kann es eher ein Sinnieren sein, ein gemeinsames Vor-sich-hin-Denken, mal hier ein Einfall, mal dort eine Erinnerung an eine glückliche Zeit oder an einen Verlust, einen schlechten Händler, auf den man hereingefallen ist. Die „Gesprächsführung" sollte möglichst weit weg vom Führen sein, sondern Raum lassend und notfalls dann ein wenig Platz schaffend, wenn Gruppenmitglieder sich gegenseitig einzuschränken drohen. Das ist nicht immer leicht: Mit diesem Märchen können z. B. durchaus Lebenskonzepte und moralische Überzeugungen berührt sein, die man in der Gruppe – trotz Alters und Demenz – zu verteidigen sucht.
- Oder es wird noch einmal das Scherenschleiferlied gesungen, wenn das gewünscht wird, oder ein anderes Lied, was der Gruppe und dem/der Anleitenden der Gruppe vertraut ist.
- Als eine weitere Variante könnte zum Abschluss der Stunde auch das Chanson „Hans im Glück kann jeder sein" von Mireille Mathieu vom Tonträger gehört werden.[22] Es hat einen eher aktivierenden und schwungvollen Charakter und kann einen guten Schluss bilden.

Eine intergenerative Märchenstunde

Das Märchen eignet sich auch für eine Veranstaltung, bei der eine Kitagruppe oder eine Gruppe aus der Grundschule eine Gruppe von alten Menschen in einer Einrichtung besucht. Die folgenden Ausführungen sind für einen solchen Besuch formuliert, der vielleicht nicht öfter stattfindet.

22 Es kam als Single auf den Markt, die es bisweilen gebraucht zu kaufen gibt, und die über Deezer, Spotify oder Google Music als Einzeltitel verfügbar ist. Es war zugleich „Das Lied der deutschen Fernsehlotterie 72".

Vorbereitung

Die Kindergruppe bereitet sich über einen etwas längeren Zeitraum auf diesen Besuch vor:

- Das Märchen wird den Kindern (ein paar Mal) vorgelesen und sie können in einem ersten Schritt erzählen, wie es ihnen selbst mit dem Tauschen geht, denn für Kinder ist das Tauschen eine beliebte Tätigkeit untereinander, von der die Erwachsenen oft nichts mitbekommen. So werden Bildchen, Karten, Figuren oder Spielzeug getauscht, seltener auch Kleidung. Je jünger Kinder sind, desto mehr ist die subjektive und momentane Bedeutung des Tauschgegenstandes der Maßstab, so dass es vielleicht passiert, dass ein Kind mit dem Tausch eines teuren Lernspiels gegen ein altes Kuscheltier durchaus zufrieden ist, und die Eltern sehen müssen, wie sie damit umgehen wollen. Je älter Kinder sind, desto mehr kommt ein Wissen um die monetären Werte der Tauschobjekte mit ins Spiel. Dann kann es auch um die Fragen des gerechten Tauschens gehen, um den des eigenen Vorteils oder die Versuche, andere zu übervorteilen.
- In einem zweiten Schritt kann man mit den Kindern erkunden, was sie meinen, was Kinder, Eltern und Großeltern gerne tauschen, gerne haben. Dadurch kann der Besuch bei der „Großelterngeneration“ in den Blick genommen werden. Zum einen wird deutlich, dass alte Menschen vielleicht andere Dinge mögen als Kinder. Auch die Unterscheidung zwischen materiellen und ideellen Werten kann hier zum Thema werden. Denn Kinder machen ja Erfahrungen damit, dass ihre Oma sich vielleicht über ihren Besuch mehr freut als über einen geschenkten Gegenstand, dass alte Menschen manchmal an ihren alten Sachen hängen, manchmal aber auch lieber etwas abgeben, um ihren Lebensraum an das Alter anzupassen. Auch sie selbst möchten vielleicht die übergroße Sammlung an Kuscheltieren aufgeben, weil sie diesem Alter entwachsen sind, und merken dann doch, dass das nicht so einfach ist, wenn die dann so traurig aus dem Mülleimer schauen.
- Das Scherenschleiferlied wird mit den Kindern eingeübt. Es kann von den Kindern mit verschiedenen Rhythmusinstrumenten begleitet werden, eine Erzieherin oder Lehrerin spielt vielleicht auf der Gitarre oder dem Akkordeon mit.
- Der Goldklumpen, die Tiere können aus vorhandenen oder mitgebrachten Materialien für den Besuch zusammengestellt werden.
- Eine weitere (zusätzliche) Möglichkeit besteht in der szenischen Einübung einzelner Märchenszenen. Entlang der Reihenfolge im Märchen

können sieben Szenen gespielt werden. Für die Szenen werden sieben Orte im Raum festgelegt und die Rollen so verteilt, dass bei den Szenen 1 bis 5 jeweils zwei Kinder an diesem Ort stehen und sich einer der benötigten Gegenstände (s. Klammer) dort befindet:

Ort 1: Übergabe des Goldklumpens als Lohn für sieben Jahre Arbeit (zwei Kinder und der Goldklumpen)
Ort 2: Tausch: Gold gegen Pferd (zwei Kinder und das Pferd)
Ort 3: Tausch: Pferd gegen Kuh (zwei Kinder und die Kuh)
Ort 4: Tausch: Kuh gegen Gans (zwei Kinder und die Gans)
Ort 5: Tausch: Gans gegen Schleifstein (zwei Kinder und der Schleifstein)
Ort 6: Der Fall des Steins in den Brunnen (ein Kind und ein Reifen oder Seil für den Brunnen)
Ort 7: Die glückliche Ankunft Zuhause (alle Kinder und die Erzieherin/Lehrerin)

Das szenische Spiel kann jeweils pantomimisch geschehen, während oder nachdem dieser Abschnitt vorgelesen wurde. Oder die Kinder ergänzen im freien Sprechen, was sie spielen.

Ablauf

Die 1. Szene wird zwischen dem Herrn und Hans gespielt. Ihm wird der Goldklumpen überreicht. Der Herr bleibt an seinem Platz stehen, Hans zieht weiter: erst ein wenig im Raum herum, den Weg vollziehend und die Schwere des Goldklumpens spürend.

Dann landet er an Ort 2, wo die beiden Kinder mit dem Pferd stehen.

Dort übergibt er seine Rolle als Hans einem der beiden Kinder, indem er ihm den Goldklumpen übergibt und sich hinter ihn stellt. Das andere Kind bietet – pantomimisch oder mit Worten – das Pferd zum Tausch an. Der Handel wird abgeschlossen.

Hans (= das Kind, welches am Ort 2 die Rolle übernommen hatte) zieht mit dem Pferd weiter.

So geht es weiter mit den Orten 3, 4 und 5.

Am Ort 6 hält das Kind, welches dort wartet, den Reifen oder legt das Seil zu einem Kreis und stellt so den Brunnen dar. Hans beugt sich darüber, lässt die Steine hinein fallen und springt erleichtert auf.

Vergnügt geht Hans im Raum herum. Dann laufen alle Kinder mit Hans zum Ort 7, wo die Erzieherin sie freudig in Empfang nimmt.

Varianten

Alternativ kann ein Kind während des gesamten Spiels als Hans von Ort zu Ort gehen.

Oder es können Rollen doppelt besetzt werden oder eine Trommelgruppe/Musikgruppe gebildet werden, die in den Übergängen von Ort zu Ort spielt. So haben auch in einer größeren Gruppe alle Kinder eine Rolle.

Das Spiel kann in der Kindergruppe mehrfach gespielt werden. Die Rollen können wechseln. Es kann dann zu einem Teil des Besuchs im Altenheim werden, als eine Art kleine Aufführung. Das muss aber auch nicht sein. Es kann auch einfach Teil der Kindergruppenarbeit bleiben.

Wie die intergenerative Arbeit gestaltet werden kann, hängt davon ab, wer besucht wird und in welchem Kontext die intergenerative Arbeit steht. Folgende Ideen sind verwendbar:

- Das Märchen wird beiden Gruppen gemeinsam vorgelesen.
- Die von den Kindern mitgebrachten Tiere und Gegenstände werden von jeweils einem Kind allen Bewohner*innen der Reihe nach an ihren Platz gebracht. Das wird verbunden mit einer persönlichen Begrüßung zwischen Kind und dem älteren Menschen, vielleicht durch eine Erzieherin oder Betreuerin begleitet. Dabei kann auch spielerisch mit dem Tier gesprochen werden.
- Das Scherenschleiferlied wird von den Kindern in der eingeübten Form an der entsprechenden Stelle vorgetragen. Es kann am Schluss noch einmal mit allen zusammen gesungen werden.
- Die Pause kann gemeinsam gestaltet werden, indem die Kinder den alten Menschen in der Eins-zu-Eins-Konstellation etwas zu trinken bringen. Vielleicht kann auch eine kleine Leckerei gemeinsam gegessen werden. Und man kann sich dabei jeweils zu zweit etwas unterhalten. Oder die Kinder haben ein selbst gemaltes Bild mitgebracht, welches sie „ihrem“ Bewohner schenken. (Man sollte vorher schauen, wie viele Kinder und wie viele alte Menschen bei der Veranstaltung dabei sein werden und wie man das handhaben kann, damit von beiden Gruppen niemand nicht berücksichtigt wird.)

Nur innerhalb einer kontinuierlichen Zusammenarbeit und mit „fitteren“ Bewohner*innen ist ein Gespräch zwischen den Kindern und den alten

Menschen über das Märchen denkbar. Dazu können z. B. folgende Fragen anregen:

- Was hättet ihr/hätten Sie am liebsten: einen Klumpen Gold, ein Pferd, eine Kuh ... etwas ganz anderes?
- Warum tauscht der Hans den Goldklumpen gegen das Pferd?
- Hat er das gut gemacht? Warum? Warum nicht?
- Ist Hans dumm oder klug?
- Habt ihr/haben Sie schon einmal etwas getauscht?
- Woher kommen Sie? Wo war Ihr Zuhause als Sie so groß/klein waren, wie wir (die Kinder) jetzt?

Weitere Verwendungsmöglichkeiten

Das Märchen eignet sich auch zum einfachen Vorlesen in der Situation zu zweit. Ist ein Gespräch mit demjenigen, dem vorgelesen wird, nicht mehr möglich, so kann man auf die kleinen Zeichen im Kontakt achten, um ein Gespür dafür zu bekommen, wie das Märchen aufgenommen wird.

Die Anregungen zur intergenerativen Arbeit können auch ohne diesen Anlass in Kita und den ersten beiden Klassen der Grundschule durchgeführt werden, ebenso in der Arbeit mit Kindern mit Behinderungen oder kognitiven Einschränkungen.

In der interkulturellen Arbeit kann das gemeinsame Lesen des Märchens, etwa auch im Kontext *Deutsch als Fremdsprache*, Anlass zu einem Gespräch über die möglichen Verstehensweisen des Märchens sein oder zum Sprechen über Werte anregen. Was ist in welcher Kultur von Wert, „offiziell“ und im Hintergrund.

5.2 Wie die Geige auf die Welt kam

Quellen und Verbreitung

Das Märchen gehört zu den Märchen der Roma und wurde erstmals von dem Sprachwissenschaftler und Volkskundler Heinrich von Wlislocki aus Siebenbürgen (heute Rumänien) aufgezeichnet. Er übersetzte das Märchen von Romani ins Deutsche und veröffentlichte es 1890 unter dem Titel *Die Erschaffung der Geige* in seinem Werk: „Vom wandernden Zigeunervolke. Bilder aus dem Leben der Siebenbürger Zigeuner.“

Ein sinngleiches Märchen stammt aus dem Erzählkreis der polnischen Roma, aufgezeichnet von Jerzy Ficowski und vom Polnischen ins Deutsche übersetzt von Karin Wolff unter dem Titel: *Der verzauberte Kasten* (Ficowski, 1985).[23] In der Sammlung „Ein Zweig vom Sonnenbaum" (ebd.) ist es das erste Märchen nach einer einleitenden Rahmenerzählung. Das Märchen hat in dieser Fassung viele Ausschmückungen, die das Leben des „Zigeunerpaares", später der Familie, im und vom Wald beschreiben. Einige markante Passagen hingegen, wie die Anweisung der Waldfrau für die Erfüllung des Kinderwunsches, später der Dialog mit dem König, sind fast wörtlich gleich. Eine entscheidende Variante besteht in der Darstellung der Matuya. Auch die alte Frau, die der jungen Zigeunerin im Wald begegnet, ist schon die Matuya, die sich ihr als die *Seele des Buchenbaumes* vorstellt. Sie übergibt schon der Mutter das Buchenholzkästchen und einen Buchenstecken mit den Worten, dass beides dem Sohn, den sie gebären wird, einmal von Nutzen sein werde. Der Junge trägt den Namen *Bachtalo*, was der Glückliche heiße, die Eltern sterben nicht, aber er geht auch hier mit zwanzig Jahren fort, weil die Eltern so arm sind und er deshalb sein Glück woanders suchen muss. Auch die Schilderung des Königs ist näher an der Lebenswirklichkeit derer, die im Wald leben: Der König lebt nicht in einem Schloss in der Stadt, sondern ist der Waldkönig, der mit seiner Familie in einem großen roten Zelt lebt und das Gefängnis, in das Bachtalo auch hier geworfen wird, ist ein dunkles Loch unter den Baumwurzeln. Die Begegnung mit der Matuya und das glückliche Ende des Märchens sind im Wesentlichen gleich. In der polnischen Fassung lautet der Schluss: „Die Geige war geboren." Der König gibt für die neu geschaffene Musik sein bisheriges Ritual auf, morgens von fünf bis sieben dem Waldesrauschen zu lauschen. Die Sprache der Fassung von Ficowski/Wolff ist wesentlich poetischer und die Details vom Leben im Wald sind besonders zauberhaft geschildert, so etwa, dass Bachtalo verschiedene Sprachen spricht, nämlich Füchsisch, Wölfisch, die Eichhörnchensprache, Dächsisch und Maulwürfisch, was sich als sehr hilfreich erweist.

Das Märchen findet sich – in der Fassung von Wlislocki – in mehreren deutschsprachigen Märchensammlungen, so bei Zaunert (1951), Aichele/Bock (1962) und Petzoldt (1994) und ist – unter verschiedenen Titeln – beliebt bei Märchenerzähler*innen und Veranstaltungen, bei denen Märchen und Musik miteinander verknüpft werden (vgl. Tüpker, 2011, 34).

23 Die Originalausgabe des gesamten Bandes in polnischer Sprache erschien 1982 im Instytut Wyadawniczy Nsza Księgarnia in Warschau unter dem Titel: „Galązka z drzewa slońca".

Dass sich im deutschen Sprachraum die kürzere Fassung durchgesetzt hat, mag daran liegen, dass sie sich auf den Kern der Erzählung beschränkt, sich durch die Weglassung der kulturtypischen Besonderheiten des Lebens im Wald besser für die interkulturelle Übertragung eignet und sich einfacher in die Lebenswelt der „Sesshaften" fügt. Um eine „einfache" Fassung zu erzählen, habe ich mich ebenfalls – bis auf einige wenige gut integrierbare Details – an der Fassung Wlislockis orientiert.

Reflexionen

Das Märchen wurde – in der Version von Wlislocki – einer ausführlichen tiefenpsychologischen Analyse unterzogen, die auf den systematisch erhobenen Einfällen von Hörer*innen und Leser*innen des Märchens beruht (vgl. Tüpker, 2011, 27–32). Einige Grundzüge sollen hier zusammenfassend dargestellt werden.[24]

Die Geige und das, was mit ihr in die Welt kommt, ist die Welt der Gefühle, das Lachen wie das Weinen, Freude und Liebe, Verlust und Trauer. Hinweise dafür, wie die Welt vorher war, gibt es am Anfang und in der Schilderung der Situation im Königreich: arm oder reich, kinderlos oder mit einer Tochter als Besitz, deren Wünsche und Gefühle offensichtlich gar keine Rolle spielen. Es sind die Assoziationen und inneren Weiterführungen der Zuhörer*innen, die die Welt vor der Erschaffung der Geige als eine Welt charakterisieren, in der es nur um Materielles geht, um Reichtum und Armut, Besitz und Macht, Haben oder Nicht-Haben, Erfolg oder Versagen im Wettbewerb. In dieser Welt fehlt die Fähigkeit zu trauern ebenso wie die, glücklich zu sein. Darin sind alle gefangen und hoffen auf etwas Neues, was sie daraus befreit.

Den Kerker, in den der Junge geworfen wird, können wir als eine Zuspitzung dieses Gefangenseins in der Dunkelheit verstehen. Dort hinein kommt das Licht aus einer anderen Welt, der Welt der Feenkönigin, der Matuya (der Seele des Buchenbaumes). Auch dass der Junge überhaupt geboren wird, kommt nur mithilfe dieser anderen Welt, der alten Frau im Wald, zustande. Das reicht aber nicht. Der Kasten wird von der Fee durch die markanten beiden Gefühle des Lachens und Weinens übergeben und wird erst dadurch zu einer Geige. Wie in vielen Musikmärchen kann der Junge sie sogleich spielen und er kann nun mithilfe der Geige Gefühle in anderen auslösen. Es geht um das eigene Empfinden und die Wahrneh-

24 Die ausführliche Analyse findet sich bei Tüpker, 2011, 33–76.

mung der Gefühle bei sich selbst wie darum, dass Gefühle in den Beziehungen der Menschen untereinander eine Rolle spielen.

Das, was der Welt fehlte, kann man nicht „machen" und nicht befehlen. Mit der Geige, die hier prototypisch für die Musik als Ganzes steht, ist die Welt gekennzeichnet, in der es nicht nur um die Gefühle selbst geht, sondern vor allem um die Fähigkeit, im Anderen Gefühle auslösen zu können. Das kann auch als Entstehung der Liebe, als Beginn des sinnlichen Begehrens und der Triangulierung[25] im psychoanalytischen Sinne verstanden werden. Es ist der beziehungsstiftende Austausch über die gefühlhafte Ebene, der mit der Geige, mit der Musik in die Welt kommt.

Verwendung und Gestaltung

Das Märchen eignet sich immer dann, wenn es um diese Welt der Gefühle geht. Das erschließt sich für Kinder und alte Menschen gleichermaßen. Es eignet sich auch gut für die Arbeit mit Flüchtlingen. Es ist ein Märchen des fahrenden Volkes und stellt die Musik und die Gefühle in den Mittelpunkt.

Das Märchen hat einiges Potenzial auch im therapeutischen Kontext und kann z. B. dann in eine Behandlung einbezogen werden, wenn es um eine Problematik im Hinblick auf die Wahrnehmung von Gefühlen geht oder um Einschränkungen im Sinne der nicht ausreichend ausgebildeten Mentalisierungsfähigkeit[26]. Im Buch „Musik im Märchen" findet sich eine Fallvignette aus der Musiktherapie (Tüpker, 2011, 61–65), die ausführlicher auch online verfügbar ist und zugleich eine spezielle Gestaltungsmöglichkeit im musiktherapeutischen Kontext zeigt (Tüpker, 2010).

Umsetzung als musikalische Geschichte

Der folgende Vorschlag eignet sich für die Umsetzung in einer kleinen Kindergruppe oder einer Gruppe von Menschen mit geistiger Behinderung, für die das Thema der Gefühle gerade wichtig ist. Das kann in therapeuti-

25 Gemeint ist damit die Entwicklungsstufe, in der das Kind sich aus der engen Mutter-Kind-Beziehung löst und wahrnimmt, dass es eine Dreierkonstellation gibt: Mutter–Vater–Kind, einschließlich der Entdeckung der Sexualität und der Tatsache, dass es selbst aus der sexuellen Verbindung von Mutter und Vater entstanden ist. Dieser bedeutsame Entwicklungsschritt erzeugt viele dramatische Gefühle in der Welt des Kindes, mit denen es mit Hilfe der Eltern umgehen muss.

26 Ein neueres Konzept, welches von Fonagy et al. (2004) vorgestellt wurde und im Kontext früher Störungen von Bedeutung ist.

schen oder heil- oder sozialpädagogischen Zusammenhängen sein. Auch in der Einzelarbeit ist die Umsetzung möglich (vgl. Tüpker, 2010). Dabei ist an eine wiederholte Nutzung des Spiels gedacht, durch die sich das, was emotional entstehen und verarbeitet werden kann, innerlich verankern kann. Wann Wiederholungen solcher Spiele sinnvoll sind, kann man oft einfach daran merken, dass sie immer wieder gewünscht werden. Aus der therapeutischen Erfahrung heraus können wir davon ausgehen, dass ein Spiel dann bedeutsame innere Entwicklungen aufgreift und dass das Thema dann abgeschlossen ist, wenn ein Spiel nicht mehr spannend ist oder spontan nicht mehr aufgegriffen wird (vgl. Tüpker, 2009, 24f.).

Im Raum werden drei deutlich voneinander getrennte Orte geschaffen, an denen jeweils eine bestimmte Auswahl von Instrumenten steht und die jeweils mit diesen Instrumenten Spielenden. Das Spiel entfaltet sich zwischen diesen Orten, indem an jedem Ort ein Teil des Märchens gelesen wird und dazu ein freies musikalisches Spiel stattfindet. Der Ort des Schlosses kommt zweimal vor, vor und nach dem Kerker.

Orte, Instrumente und der Verlauf der Geschichte sind einander fest zugeordnet. Das ist das Gleichbleibende. Die Musik an den Orten kann den vorgelesenen Text untermalen oder im Anschluss daran stattfinden oder der Text kann in einige Abschnitte unterteilt werden, nach denen jeweils gespielt wird. Das ist zugleich das, was jedes Mal anders ist. Das musikalische Spiel sollte daher ganz frei sein und auch die Dauer nur dann festgelegt werden, wenn es dafür einen bestimmten Grund gibt.

Die Kinder sind vor Beginn des Vorlesens den Orten zugeordnet. Eine besondere Rolle ist die des Jungen, der die gesamte Zeit mitspielt. Es gehört mit zu der Idee eines solchen Spiels, dass es mehrfach gespielt wird und die Gruppenmitglieder dabei verschiedene Rollen einnehmen können. Je nach den Möglichkeiten der Gruppe werden die Rollen dabei von den Gruppenmitgliedern selbst gewählt. Dazu kann es am Anfang der Unterstützung durch den Gruppenleiter bedürfen. Und man sollte sich für diesen Vorgang durchaus Zeit lassen, denn es kann sein, dass er nicht weniger wichtig ist als das Spiel selbst.

Orte, Szenen, Musik und Textzuordnung

1. Der Ausgangsort

Dort befindet sich eine Auswahl kleiner Instrumente, die man in der Hand halten kann und die Geräuschhaftes und Rhythmisches ermöglichen, z. B. verschiedene Rasseln, Handtrommel, Claves, Rührtrommel etc.

Die Instrumente liegen spielbereit an diesem Ort und ein Teil der Kinder ist diesem Ort zugeteilt. Der Ort kann darüber hinaus durch etwas markiert werden, was mit Wald zu tun hat, etwa ein paar Zweige, Blätter, Kastanien etc.

Zugeordnete Textabschnitte (in möglichen Unterteilungen für Zwischenmusik):

Von: „Es waren einmal ein armer Mann und eine arme Frau, die hatten lange Zeit keine Kinder ...“

bis: „... Ich gehe in die Welt hinaus und suche mein Glück!“

2. Der Weg, Teil 1

Ein Gruppenmitglied spielt durchgängig den Jungen. Sein Instrument ist zunächst ein Tamburin. Er geht etwas länger durch den Raum und spielt dabei (vielleicht begleitet von einer Gitarre, die die Gruppenleiterin spielt oder einem Wanderlied, welches die Gruppe aus einem anderen Zusammenhang kennt und welches alle singen).

Text: „Also ging der Junge von Dorf zu Dorf, von Stadt zu Stadt. Aber nirgends fand er sein Glück. Eines Tages kam er in eine große Stadt.“

3. Das Schloss der Königs

Hier steht ein großes mächtiges Instrument für den König, eine Pauke oder stehende Trommel, eine Conga oder ein großes Becken. Ein Kind steht an diesem Instrument und spielt es. (Oder es gibt mehrere Instrumente für den König und seine Helfer.) Das Schloss kann durch ein schönes Tuch markiert sein, welches von einem Tisch herabhängt oder der König erhält eine königliche Kopfbedeckung.

Ihm gegenüber gibt es ein Tischchen auf dem ein kleines Instrument steht, welches vom Jungen gespielt wird, etwa eine Lotosflöte, eine Kuckucksflöte oder ein Kazoo.

Text von: „Dort wohnte ein reicher König, der eine wunderschöne Tochter besaß."

bis: „Und die Diener des Königs sperrten den Jungen in einen dunklen Kerker."

4. Der Weg, Teil 2

Der Junge geht wieder mit seinem Tamburin durch den Raum, spielt nun vielleicht anders und kann dabei wie zuvor vielleicht von einer Gitarre, die die Gruppenleiterin spielt, begleitete werden oder demselben Wanderlied, welches die Gruppe aus einem anderen Zusammenhang kennt und welches alle singen, nun aber vielleicht auch langsamer, trauriger.

5. Der Kerker

Dort gibt es für den ersten Teil ein Instrument, mit dem sich die Gefangenschaft spielen lässt, etwas ein kleines Zupfinstrument oder ein Regenmacher oder eine kleine Oceandrum.

Das zweite Instrument steht für die Geige, vermutlich wird eine reale Geige aber nur in besonderen Fällen zur Verfügung stehen und auch entsprechend bespielt werden können. Daher kann ein anderes Instrument die Geige symbolisieren: Man sollte auf jeden Fall Melodien damit spielen können. Geeignet können sein: ein Psalter mit Bogen, eine Kinderharfe, eine Kalimba bzw. Sansula, ein Glockenspiel.

Text von: „Kaum aber hatten sie die Tür zugemacht, da wurde es hell und die Feenkönigin Matuya erschien."

bis: „Die Feenkönigin verschwand und der Junge rief die Diener und ließ sich zum König führen. "

6. Das Schloss nach dem Kerker

Bevor hier der Text gelesen wird, spielt noch einmal der mächtige König ggf. mit seinem Gefolge. Dann heißt es:

Text von: „Sieh her, König und höre! Hier ist das Ding, das die Welt noch nicht gesehen, noch nicht gehört hat!"

bis: „So kam die Geige auf die Welt."

Und nun spielt der Junge seine „Geige". Alle hören ihm gut zu und antworten ihm, indem sie kurz noch einmal mit ihren Instrumenten zusammen spielen. Will man das Spiel ausweiten, so könnte es auch ein etwas längeres Hin und Her zwischen dem Jungen mit der Geige und den anderen Gruppenmitgliedern geben. Wird das zu ungeordnet, kann auch ein Kind oder eine kleinere Gruppe das musikalische Antworten übernehmen.

Anmerkungen

Die Rollenverteilung sollte nicht geschlechtsspezifisch sein, sondern der Junge in dem Märchen kann auch von einem Mädchen/einer Frau gespielt werden. Man kann das Märchen textlich so lassen, dann spielt ein Mädchen die Jungenrolle. Oder es ist ein Mädchen, welches das Abenteuer erlebt und die Belohnung ein Prinz oder eine Prinzessin. Das lässt sich am besten im Kontakt mit der Gruppe entscheiden.

Dem Protagonisten kann auch – wenn man dies als passender empfindet – ein Name gegeben werden. In der polnischen Fassung gibt es den Namen Bachtalo, was der Glückliche heißt. Insofern wäre Felix *(der vom Glück Begünstigte)* ein passender Name und als Mädchenrolle Felicitas.

Das Märchen im Altenbereich

a) Das Märchen eignet sich gut zum einfachen Vorlesen bei einem Märchennachmittag oder Märchenabend im Altenbereich, bei dem mehrere Märchen gelesen werden. Es ist klar in der Struktur und auch bei einem ersten Hören gut zu verstehen und kann als ein unbekanntes Märchen aus einem fremden Land genutzt werden, will man z. B. die Veranstaltung durch einen Wechsel von bekannten und unbekannten Texten gestalten.

b) Es ließe sich auch gut mit einem kleinen Geigenkonzert verbinden. Liest man zuerst das Märchen vor und dann spielt jemand ein oder zwei Stücke oder auch ein einfaches Lied auf der Geige, so verbindet sich beides zu einer schönen kleinen Einheit und steigert sich gegenseitig in der emotionalen Wirkung.

Live vorgetragene Musik wird oft als ein großes Geschenk empfunden und hat damit eine deutlich gesteigerte Wirkung gegenüber der Musik vom Tonträger. Spielt bei einer solchen Gelegenheit jemand, der/die sonst eher nicht „konzertiert", so sollte man berücksichtigen, dass ein sicher und gut vorgetragenes einfaches Stück sehr viel angenehmer zu hören ist, als eines, mit dem der Spielende an seine technischen Grenzen kommt.

c) Wenn man das Märchen mit Musik vom Tonträger umrahmen will, bietet es sich an vor dem Märchen ein Musikstück zu wählen, in dem keine Streichinstrumente vorkommen und nach dem Märchen ein Geigenstück zu spielen. Dafür eignen sich z B.:

Vorher:

- Henry Purcell: Two in one on a ground www.youtube.com/watch?v=zeyJca3oGt4

Nachher:

- Itzhak Perlman: Reb Itzik's Nign https://www.shazam.com/de/track/48333201/reb-itziksnign
- Aus Itzhak Perlman: Perlman plays Klezmer. Einspielung Warner Classic:[27]
    - Nign (5–6 Min.) oder
    - Dybbuk Shers (4–5 Min.) oder
    - Fisherlid Klezmatics Khosidl (6–7 Min.) + Der heyser Bulgar (4 Min.) oder
    - Doina Naftull + A Hora mit Branfu (zusammen 6 Min.)
- Ludwig van Beethoven: 2. Violinromanze F-Dur, op. 50 (Geige und Orchester, ca. 8 Min.)
- Wolfgang Amadeus Mozart: Sonate für Violine und Klavier Nr. 21, e-Moll, KV 304 (1. Satz: Allegro, ca. 7 Minuten oder 2. Satz: Tempo di Minuetto, ca. 5 Minuten oder beide Sätze)

5.3 Das Märchen vom alten König

Quellen und Verbreitung

Dieses „Märchenkonzentrat" wurde in den 1970er Jahren von einem geistig behinderten Menschen geschaffen und von den Musiktherapeuten Paul Nordoff und Clive Robbins aufgeschrieben. Es findet sich – in englischer Sprache – als auskomponiertes musikalisches Spiel des Komponisten Paul Nordoff in „The Fifth Book Of Children's Play-Songs", Theodore Presser Company (1980).

27 Alle Titel z. B. über Amazon auch einzeln als MP3 oder über Spotify abrufbar.

Für diese Sammlung wurde es nicht weiter verändert, sondern lediglich ins Deutsche übersetzt. Der englische Originaltext lautet: „Once upon a time when the sun was rising there lived an old King. His father was dead and he had no mother. One day he found a big stone. He sat on the stone and lived happy ever after."

Reflexionen

Eine persönliche Anmerkung vorweg: Seit ich dieses Märchen vor vierzig Jahren im Rahmen meiner musiktherapeutischen Ausbildung kennenlernte, bin ich fasziniert davon, dass ein Mensch, der als „geistig behindert" angesehen wurde, ein solches, auf das Allerwesentlichste reduzierte Märchen erschaffen konnte. In meiner Fantasie stelle ich mir vor, dass ihm viele Märchen vorgelesen wurden und er den inneren Kern der Märchenstruktur erfasst hatte und in ein eigenes Werk umformen konnte.

Das Märchen verbindet alle Wesenszüge eines Zaubermärchens und breitet trotz seiner äußersten Konzentration und Schlichtheit in poetischer Form eine Geschichte aus. Es spielt im märchentypisch unbestimmten Dort und Damals, Nirgendwo und Überall: „Vor langer Zeit als die Sonne aufging". Mit diesem Charakter, der auch in der klassischen Märchenformel „Es war einmal ..." steckt, ermöglicht es eine Identifikation für die, die zuhören, weil damit jeder Mensch gemeint sein kann, unabhängig von Herkunft, Geschlecht und gesellschaftlicher Position. Der Protagonist ist hier ein schon alter König. Er ist seinen Weg schon gegangen, anders als in vielen Märchen in denen das König-Werden[28] Ziel der Entwicklung ist. Er ist allein. Darin liegt der Mangel, auf dessen Erlösung das Märchen ausgerichtet ist, die leidvolle Ausgangssituation, die es zu überwinden gilt. Einer Zuspitzung bedarf es nicht. Mit der Formulierung: „Sein Vater war tot und er hatte keine Mutter" ist der Tiefpunkt der Trostlosigkeit bereits erreicht. Das berührt gerade durch die je unterschiedlich gewählten Formulierungen zu Vater und Mutter: So als wäre das Mütterliche, die Geborgenheit schon immer nicht anwesend gewesen oder vor einer so langen Zeit verloren gegangen, dass man sich daran nicht mehr erinnern kann. Die Metapher des mutterlosen Kindes steht für ein Urgefühl, welches nicht

28 König-Werden hat im Märchen nichts mit monarchischen Gesellschaftsstrukturen zu tun. Eher meint es den entwicklungspsychologischen Auftrag, Herr/Frau des eigenen Lebens zu werden, also im guten Sinne erwachsen zu werden, sein Leben selbst zu gestalten.

an den Tod der realen Mutter gebunden ist. Sie ist meisterhaft erfasst in dem traditionellen Spiritual „Sometimes I feel Like a Motherless Child“[29].

Die Wende, der Zauber wird eingeleitet durch die schlichten Worte: „Eines Tages fand er …“ Es wird nicht gesucht, es wird gefunden, wie in Goethes berühmten Gedicht „Gefunden“: „Ich ging im Walde/So für mich hin,/Und nichts zu suchen,/Das war mein Sinn.“ Ein großer Stein ist etwas, dem man begegnet, er liegt irgendwo und wenn man ihn gefunden hat, ist er für einen da. Mit dem Finden des Steins ist die Zeit der Hoffnungslosigkeit beendet, und zwar sofort und ohne Zwischenschritte, wie das bei einem Zauber üblich ist: „Er setzte sich auf den Stein und war glücklich und zufrieden.“ Im Englischen heißt es hier gemäß einer klassischen Schlussformeln: „Happy ever after“ (wörtlich übersetzt: glücklich für immer und danach), das entspricht der deutschen Formel: „Und sie lebten glücklich und zufrieden.“

Verwendung und Gestaltung

Beim Vorlesen des Märchens ist die Langsamkeit des Lesens wichtig und dass man lange Pausen lässt. Nicht nur, damit es nicht zu schnell vorbei ist, sondern vor allem um die Nachdenklichkeit in der Stimmung zu erzeugen, die es braucht, damit die Wirkung des Märchens sich entfalten kann.

Mit dem Bild „Sein Vater war tot und er hatte keine Mutter.“ erfasst das Märchen die Situation alter Menschen, die viele Verwandte verloren haben und in dem Gefühl leben, allein auf dieser Welt zurückgeblieben zu sein. Deshalb bedarf es einer Atmosphäre von Geborgenheit und Ruhe, in der dieses Märchen aufgehoben sein sollte. Man sollte sich in der Arbeit mit alten Menschen nicht scheuen, solche Stimmungen aufkommen zu lassen. Der Trost liegt in der Anwesenheit der Person, die das Märchen vorliest oder erzählt. Man kann alte Menschen vor diesem Gefühl ja nicht schützen, sondern man würde sie nur alleine damit lassen, wenn man sie im Zusammensein durch fortwährende Fröhlichkeit vermeiden würde statt anwesend zu sein, auch in Phasen von Trostlosigkeit, Trauer, Leid und Schmerz. Das kann man nicht an die Psychotherapeut*innen delegieren, weil die ja gar nicht ins Altenheim kommen und auch sie hätten keine besondere therapeutische „Technik“ für den Umgang mit solchen Gefühlen. Eher würden auch sie empfehlen „einfach da zu sein“.

29 Empfehlen kann ich hier die Interpretation des Jazzsänger Jimmy Scott: https://www.youtube.com/watch?v=-4aHWG7aqPM. Abgerufen am 10. März 2020.

Dafür hilft das Bild des Märchens, wenn man sich vorstellt der Stein zu sein, den der andere *findet* und auf den er sich *setzen* kann, der Ort, an dem er sich mit diesen Gefühlen *niederlassen* kann, an dem sie *ihren Platz finden*. Das ist es, was dabei helfen kann, sich in diesen anderen, verzauberten Zustand zu *versetzen* wie im Märchen.[30]

Aber auch in anderen Kontexten kann das Märchen diesen Bedeutungshorizont eröffnen, etwa in der Arbeit mit Geflüchteten, die alles verloren haben. Was kann für einen Menschen der Stein sein, auf den er sich setzen kann? In der interkulturellen Arbeit bietet es sich vielleicht auch an, das Märchen in der englischen Originalfassung zu lesen.

Ebenso kann die Erzählung oder eine Erweiterung als einfaches Spiel in der Arbeit mit geistig behinderten Menschen verwendet werden, aus der es stammt. Szenisch kann dabei einfach symbolisch der Stein markiert werden, der gefunden wird: etwa als besonders gestalteter Sitzplatz vor einem Halbkreis auf dem jeder, der möchte, einmal sitzen darf, wozu das Märchen mehrfach gesprochen wird. Man kann ihm/ihr als Zeichen der Königswürde zuvor feierlich ein schönes Tuch über die Schultern legen oder einer Krone aufsetzen.

Als eine solche Inszenierung ließe sich das Märchen auch von einer Kindergruppe für alte Menschen „aufführen". Dabei kann die Rolle des Königs, der Königin auch einem alten Menschen übergeben werden, wenn die Stimmung das erlaubt. Es kann sein, dass ein alter Mensch das den Kindern zuliebe macht, um ihnen zuliebe mitzuspielen und vielleicht dennoch die Wirkung verspürt, die sich durch das Einnehmen dieser Rolle entfalten kann. Der Stein, der hier gefunden wird, die Magie, die sich entfaltet, ist das Füreinander und Miteinander, in dem das geschieht.

Musikempfehlung

Eine Interpretation des oben bereits genannten Spirituals „Sometimes I Feel like a Motherless Child" kann die Stimmung des Märchens fortsetzen oder vertiefen, wie auch der Song „Nearness of you", von dem es ebenfalls eine eindrucksvolle Aufnahme mit Jimmy Scott gibt.[31]

Eine andere Möglichkeit besteht darin, die Zufriedenheit und Ruhe mit einer Musik anzuschließen. Dazu könnten die folgenden Stücke geeignet sein:

30 vgl. https://www.dwds.de/wb/setzen. Abgerufen am 13. März 2020.

31 https://www.youtube.com/watch?v=VwyTikxUWOY. Abgerufen am 10. März 2020.

- Pachelbel-Kanon in D-Dur (gibt es in vielen verschiedenen Varianten)
- Georg Philipp Telemann: „Tafelmusik". Musica Amphion & Pieter-Jan Belder, 2006 (verschiedene kürzere Stücke)

5.4 Das Glöckchen

Quellen und Verbreitung

Das Märchen wurde laut Angabe der deutschen Herausgabe im Dausien-Verlag erzählt von M. Nowák und Z. Ćerná (Vornamen nicht angegeben) und ins Deutsche übertragen von I. Kondrková. Es findet sich in der 1970 in Prag erschienenen Sammlung: *Japanische Märchen und Volkserzählungen* (S. 199–201.) Die Ausgabe ist im Dausien-Verlag in Hanau am Main (ohne eine weitere Jahreszahl) mit Illustrationen von J. Śerŷch erschienen. Das Märchen findet sich auch auf der Internetplattform Hekaya.

Es taucht nach meiner Beobachtung in den letzten Jahren verstärkt in Darbietungen der Märchenerzähler*innen auf.

Reflexionen

Verbunden mit dem lebendigen Klang eines silbernen Glöckchens wird hier von einem Glück erzählt, wie es aus buddhistischen Schriften inzwischen auch im Westen als eine Vorstellung bekannt ist. Es ist das zeitlose Glück, welches entsteht, wenn das Leiden schweigt, weil wir aufgehört haben zu begehren und im gegenwärtigen Augenblick leben.

In einem solchen Zustand scheint der Mönch zu Beginn des Märchens zu leben, während wir in der Figur des Apothekers den gegenteiligen Zustand geschildert finden: das Gebunden-Sein an die Beschwernisse des alltäglichen Lebens. Um diese polare Figuration herum entwickelt sich das Märchen. Das ist aber nur deshalb möglich, weil auch der Mönch zwar auf dem Pfad zum Glück und zur Erleuchtung sicherlich weiter gekommen ist als der Apotheker, aber dennoch noch dem Leiden verhaftet ist, denn er fühlt sich allein und seine seelische Verfassung ist gebunden an des Hören des silbernen Glöckchens.

Glocken sind im Westen wie im Osten mit dem Überirdischen assoziiert. Sie rufen zum Gottesdienst, läuten den Sonntag ein als den Tag der Besinnung und Einkehr. In der verkleinerten Form erinnern sie vielleicht so manchen, der das Märchen hört, an das Weihnachtsglöckchen seiner Kindheit mit seinem besonderen Zauber.

Großzügig, wie es sich für einen Mönch geziemt, leiht dieser das Glöckchen dem unglücklichen Apotheker und gibt damit zugleich die Fähigkeit zum zeitlosen Glücklich-Sein weiter. Sie ist allerdings auch bei ihm (noch) nicht das Ergebnis einer vollendeten geistigen Entwicklung, was ihn auch so nah und menschlich erscheinen lässt. Das Glück des Mönches ist gebunden an einen Klang. Es kann mit diesem Klang weitergegeben werden, aber dann ist es nicht mehr bei ihm. Er braucht das Glöckchen, sein Glück ist nicht teilbar wie die Liebe. Den Klang können wir als eine Übergangsgestalt verstehen, denn er ist nicht ganz so materiell wie ein Gegenstand, aber dennoch an einen solchen gebunden.

Das Glöckchen wird nicht aktiv geläutet, sondern erklingt im Zusammenspiel mit dem Wind:[32] dem Wind, der im Osten wie im Westen immer schon eine Metapher für das Geistige war, der Hauch, der Atem.

Beim Apotheker, unten in der Stadt, entfaltet sich das Glück in einer anderen Form als beim Mönch, oben auf dem Berg. Es ist nicht mehr kontemplativ besinnlich, sondern lebt im die Zeit vergessenden Tanz. Es ist nicht mehr allein, sondern in der Gemeinschaft all derer, die sich im Verlauf des Märchens dort einfinden.

Dazwischen finden wir einen Teil, den wir auch aus europäischen Märchen kennen, etwa in „Der Herr der schickt den Jockel aus". Er zieht das Märchen durch variierende Wiederholung in die Länge, schafft einen Spannungsbogen, der hier aber klein und überschaubar ist wie das gesamte Märchen.

Hier wird insgesamt ein „großes Thema" aus der Welt des Buddhismus in einer unmittelbar verständlichen Form erzählt. Dass auch der Mönch nicht so ganz perfekt ist, dass er nicht nur etwas gegen das Allein-Sein braucht, sondern auch schlecht gelaunt sein kann, bringt ihn uns nah und rückt das Ideal eines Zustandes der Erleuchtung in eine menschlicher erscheinende Form. Erreichbarer als die Beendigung des Leidens durch das Beschreiten des edlen achtfachen Pfades klingen hier die Formulierungen, dass Kummer und Sorgen wie „weggeblasen" sind oder einfach „vergessen". Hier geht es um die kleinen Glücksgefühle, bei denen einem einfach „so fröhlich ums Herz" ist, man „vor Freude tanzt" und „einander

32 Derzeit auch im Westen gefragt und „erhältlich", etwa unter dem Begriff: japanische Windspiel-Tempelglocke oder Furin. Wie im Originalmärchentext wird es durch einen Papierstreifen am unteren Ende der Glocke zum Klingen gebracht.

an die Hände fasst". Das hat (hoffentlich) jeder schon einmal erlebt und an diese kleinen Glücksmomente kann das Märchen erinnern. Zart, heiter und humorvoll lässt es die Zeit vergessen. Deshalb braucht es auch keine der üblichen Schlussformeln. Irrational und jenseits der alltäglichen Notwendigkeiten bleibt es offen in dem Lächeln des Moments.

Verwendung und Gestaltung

Das Märchen eignet sich für alle hier angesprochenen Bereiche. In einer reinen Kindergruppe könnte es auch als Spiel ausgebreitet werden und natürlich braucht man dazu ein reales Glöckchen. Die Umsetzung ist leicht, sie bedarf nur der zwei Orte im Raum, des Weges dazwischen und der Besetzung der Rollen. Dazu sollte das Märchen zunächst vorgelesen werden. Dann aber kann es frei und mit eigenen Worten gespielt werden. Es wird jeweils mit dem Tanz im Hof des Apothekers enden. Dazu kann – zusätzlich zum Läuten des Glöckchens – eine fröhliche Tanzmusik gespielt werden, sei es nun live von der Leiterin der Kindergruppe oder von einer CD.

In allen anderen Bereichen könnte eine szenische Umsetzung der Entstehung der Stimmung des Märchens eher entgegenstehen. Das Märchen kann aber, will man es nicht einfach nur vorlesen oder erzählen, gut von einer passenden Musik umrahmt werden. Und natürlich darf in allen Bereichen ein reales Glöckchen nicht fehlen.

Musikempfehlung

- Vorher: „Petite fleur" des Albums „Land of Enchantment" von Deuter 2011, Ersterscheinung Kuckuck Schallplatten 1987
- Nachher: „Pierrot" des Albums „Land of Enchantment" von Deuter 2011, Ersterscheinung Kuckuck Schallplatten 1987

5.5 Das tapfere Schneiderlein

Quellen und Verbreitung

Das Märchen basiert auf einer Schwankerzählung des deutschen Dichters und Dramatikers Martin Montanus. Er veröffentlichte es 1557 in seiner Schwanksammlung *Wegkürzer* unter dem Titel *Von einem König, Schneyder, Eysen, Einhorn und wilden Schwein*. Die Brüder Grimm übernahmen die

Erzählung als *Das tapfere Schneiderlein* in die Kinder- und Hausmärchen an Stelle KHM 20, ebenso Ludwig Bechstein in sein Deutsches Märchenbuch als *Vom tapfern Schneiderlein* (1845 Nr. 2, 1853 Nr. 1). In der Version Bechsteins fehlt der gesamte Teil des Kampfes mit der ersten Gruppe der Riesen. Nach der Heldentat in der Schneiderstube springt die Erzählung sogleich in den Teil, der am Hofe des Königs spielt.

Clemens Brentano schuf, ebenfalls nach Montanus, eine sehr umfassende literarische Erzählung unter dem Titel *Das Märchen vom Schneider Siebentot auf einen Schlag*, die viele weitere Wendungen hinzudichtet und als Ich-Erzählung aus der Perspektive des Sohnes des Schneiders erzählt wird. Diese Fassung findet sich in der Sammlung *Rheinmärchen* (1810–1812).[33]

Im Kern handelt es sich um ein weit verbreitetes und beliebtes Märchen. Es findet sich ebenso in vielen Märchensammlungen wie in zahlreichen Verarbeitungen als Hör- und Theaterstücke, als Vertonungen und Filme. Die vermutlich früheste Verfilmung stammt aus der Disney Micky Mouse-Produktion unter der Regie von Bill Roberts. Diese englische Fassung von 1938 wurde in vielen Sprachen synchronisiert und spätestens dadurch wurde das Märchen international bekannt. Als Animationsfilm wurde es in die japanische Fernsehreihe *Gurimu Meisaku Gekijōu* (1987) aufgenommen. Ein tschechischer Film, *Sedem jednou ranou* (Sieben auf einen Streich), entstand 1989. Zu den vielen deutschsprachigen Verfilmungen gehören u. a. eine Fassung von 1941 unter der Regie von Hubert Schonger mit Hans Oskar Richard Hessling in der Hauptrolle, eine DEFA-Verfilmung von 1956 unter der Regie von Helmut Spieß, eine Fernsehproduktion der Augsburger Puppenkiste von 1973 und die Verfilmung aus der 1. Staffel der ARD-Reihe *Sechs auf einen Streich* von 2008.

Die verschiedenen Fassungen liefern zugleich indirekt unterschiedliche Interpretationen des Stoffes. So ist das Schneiderlein in der amüsant-klamaukigen Mickey-Mouse-Verfilmung weniger ein Angeber. Vielmehr gerät er halb als Opfer und halb als Mitwirkender in eine Geschichte, die sich aus heutiger Sicht wie eine Parabel auf die Entstehung von Fake-News ausnimmt. In der Auseinandersetzung mit dem realen Riesen wird er dann zum wirklichen Helden, der den Riesen durchaus mit den Künsten seines Schneiderhandwerks überwindet. Disney scheint mit der geschickten Fesselung des Riesen Anleihen bei der Gullivergeschichte genommen zu haben.

33 Online verfügbar bei: http://www.zeno.org/Literatur/M/Brentano,+Clemens/M%C3%A4rchen-Sammlung/Rheinmärchen/Das+Märchen+vom+Schneider+Siebentot+auf+einen+Schlag

Die Geschichte vom Schneiderlein ist in ihrem Kern so einfach und so kraftvoll als Gestalt, dass sie offensichtlich viele Varianten verträgt. Wie bekannt sie ist, zeigt sich auch darin, dass *Siebene auf einen Streich* zur Redensart geworden ist, mit der zum einen das zufällige Glück ausgedrückt wird, mit einem Schlag sieben Fliegen auf einmal zu erwischen und zugleich wie es gelingt, mit der geschickten Umdeutung einer solchen Zufallstat das eigene Glück in die Hand zu nehmen.

Als Ausgangstext für die vorgelegte Vereinfachung wurde die Fassung der Brüder Grimm genutzt, die auch etwas gekürzt wurde, da die Erzählung recht lang ist und die Konzentration beim Zuhören in den hier intendierten Zusammenhängen vermutlich gerade am Schluss nachlassen könnte. Anders als in der ebenfalls kürzeren Bechsteinfassung wurde aber auf den Teil mit den Riesen, dem Trick, den Käse auszupressen und den Vogel fliegen zu lassen, nicht verzichtet, weil gerade er zu den Teilen des Märchens gehören dürfte, der vielen Menschen in Erinnerung ist.

Reflexionen

Das Schöne und Wohltuende an diesem Märchen ist die heiter erfolgreiche Aufhebung der „Moral“. Entgegen der gewohnten Gebote kann das Schneiderlein mit Lügen und Betrügen seine Position im Leben um Klassen verbessern und das ganz ohne Nachwehen. Immer wieder fürchtet man, dass das schief gehen oder aufgedeckt werden könnte, aber immer wieder kommt es damit durch. Das widerspricht dem, was man uns sonst so erzählt: „Lügen haben kurze Beine“, „Wer einmal lügt, dem glaubt man nicht ...“ oder Pinocchios verräterisch wachsender Nase.

Wir können das genießen, weil das Schneiderlein so ein kleines schwaches Kerlchen ist. Im wirklichen Leben hingegen scheint erfolgreiches Lügen und Tricksen nur den Reichen und Mächtigen, Hochwohlgeborenen und Privilegierten zu gelingen, die immer schon das Passende im Rucksack haben. Hier aber gelingt ein solch trickreiches „Reframing“[34] einem einfachen, schlecht entlohnten kleinen Handwerker. Das ist schön!

34 „Beim Reframing stellt man Dinge in einen ganz neuen Rahmen, der bisher verborgene Dinge zum Vorschein bringt. Der Effekt ist oft mit einem Überraschungselement versehen und kann auch das emotionale Erleben einer Situation komplett ändern. So ist man durch ein Reframing vielleicht im Stande, in einer Situation, die man bisher ausschließlich als negativ betrachtet hat, darin steckende Chancen wahr zu nehmen, die man bisher völlig übersehen hatte.“ Zitiert nach: https://www.lebenskarten.de/reframing/reframing-beispiele/

Auch mit den Übertreibungen hilft uns das Märchen, das einmal vorbehaltlich zu genießen, weil sie quasi erzählerisch untermauern, dass wir das alles natürlich nicht wirklich glauben: Es ist ja nur ein Märchen. Die dreimalige Weigerung des Königs, sein Versprechen zu halten, hebt die „Gesellschaftskritik" des Märchens noch einmal hervor, weil der hochstehende König jemand ist, dem man nicht wirklich trauen kann. Warum also soll man da nicht auch selbst lügen und tricksen und doch erfolgreich sein? So ist dieses Märchen wie ein guter Traum, der durch folgenlose Wunscherfüllung erfolgreich von den Ansprüchen und Realitäten des Alltags entlastet.

Der Psychologe Wilhelm Salber, der das Märchen mit realen Lebensgeschichten von Ratsuchenden in Verbindung bringt, hebt hervor, dass sich die beiden Pole des Kleinen und des Riesigen gegenseitig bedingen und hervorrufen. Die Tendenz, andere übertreffen und vernichten zu wollen, macht auch Angst, selbst vernichtet zu werden. Dem kann man wiederum entkommen, indem man sich ganz klein macht. Der Aufschneider ist immer auch in Gefahr, entlarvt zu werden und muss dauernd versuchen, andere so zu durchschauen, dass er ihnen zuvorkommt. Als Lebenskonzept kann das durchaus anstrengend sein und nicht so heiter und wohltuend wie im Märchen.

Die Bekanntheit dieses Märchens, seine vielen „Interpretationen" in Filmen, zeigen, dass es noch viele unterschiedliche Bedeutung haben kann, die in Menschen entstehen, wenn sie das Märchen hören und sich daran erinnern. Denn für Kinder ist es sicherlich ein ganz anderes Märchen als für einen Menschen, der am Ende seines Lebens steht.

Verwendung und Gestaltung

Im Kontext von Märchennachmittagen für alte Menschen eignet sich dieses Märchen als Kontrast und im Wechsel mit solchen, die eher nachdenklich machen. Es ist auch in dieser vereinfachten Fassung noch recht komplex, man sollte also die Frage der Konzentrationsmöglichkeit der Zuhörenden hier sorgsam bedenken. Aber es hilft auch, dass das Märchen vermutlich in seinen Grundzügen bekannt ist und die Grundbotschaft bleibt erhalten, auch wenn man nicht jeder Wendung folgt.

Als sinnliche Anregung kann in die Mitte des Erzählkreises deutlich erkennbar Nähzeug gelegt werden oder es können ein paar kleinere Stücke schöner Stoffe dargeboten werden, die man gerne fühlt. Davon kann vielleicht wer mag sich eines aussuchen und an seinem Platze behalten, während das Märchen vorgelesen wird. Auch ein Stopfei aus Holz fühlt sich gut an und weckt Erinnerungen oder es kann ein alter Schnittmusterbogen herumgereicht werden, nach dem viele Frauen genäht haben, seit Änne Burda diesen nach dem Krieg für das private Nähen erfunden hatte. Man kann fragen, wer früher selbst genäht hat und davon erzählen lassen. Anders als im Märchen sind es vermutlich eher die Frauen in der Runde, die Erfahrung mit dem eigenen Nähen haben.

In der Arbeit mit Kindern und mit Menschen mit kognitiven Einschränkungen bietet das Märchen den idealen Rahmen, einmal ohne Zurechtweisung nach Herzenslust prahlen und angeben zu dürfen. Ist das Märchen bekannt genug, können einzelne Szenen mit verteilten Rollen gespielt werden. Eine Schärpe mit der Aufschrift „Siebene auf einen Streich" reicht hier als Requisite. Nach und nach können die Szenen zwischen dem Schneiderlein und dem Riesen mit eigenen Prahlereien freier ausgefüllt werden. Oder es können andere Gegenspieler von den Kindern erfunden werden. Dabei darf es ruhig einmal hoch hergehen und der Angeberei sind keine Grenzen gesetzt, weil sie gut aufgehoben sind in der Rahmung der Erzählung. Als Rahmen können die Anfangs- und die Schlussszene dienen, die erzählt und/oder in einer festen Form gespielt werden können. Sie können dazu stark verkürzt werden, etwa auf das Schneiderlein, das schneidert und die Szene des Erschlagens der sieben Fliegen für den Anfang und das Hochzeitsfest, bei dem alle Kinder gemeinsam tanzen, für den Schluss. Wem es pädagogisch oder persönlich allzu unzeitgemäß vorkommt, dass in diesem, wie in vielen Märchen, der Vater über die Tochter bestimmt und sie zur Belohnung vergibt, kann dies im freien Spiel auch ändern und das Schneiderlein die Prinzessin selbst fragen lassen, ob sie ihn heiraten will.[35]

Das Märchenspiel kann viel Spaß machen, weil es dem Angeben einmal seinen erlaubten Ort gibt und es viel Raum für kräftigende Gesten und Bewegungen gibt. Sind die Kinder dafür zunächst zu schüchtern, können auch Handpuppen oder mitgebrachte Kuscheltiere das angeberische Spiel

35 Man kann die Märchenfiguren als innere Repräsentanten verstehen. Dann ist es das verinnerlichte Väterliche, welches gefragt wird, wenn es darum geht, lebenswichtige Entscheidungen zu treffen oder über Anerkennung von Leistungen und ihre Belohnung zu entscheiden. Man kann in ihnen aber auch historisch überholte Beziehungsverhältnisse gespiegelt sehen, dann kann eine solche Veränderung durchaus Sinn machen.

übernehmen. Auch dieses Märchen eignet sich dazu, solange gespielt zu werden, bis sich seine Thematik „erledigt“ hat.[36]

In das Spiel kann das nicht direkt auf das Märchen bezogene Volkslied *Schneidri-Schneidra-Schneidrum* eingebaut werden:

Ich Schneider bin ein Mann!
Ich Schneider bin ein Mann!
Kann einem neues Leben
Durch meine Arbeit geben
Daß er sich zeigen kann.
Ich Schneider bin ein Mann.

Ich sitz und schau mich um:
Ich sitz und schau mich um:
Als wenn ich Kaiser wäre,
Mein Szepter ist die Schere,
Mein Tisch das Kaisertum.
Ich sitz und schau mich um.

Spott' keins der Schneider mehr!
Spott' keins der Schneider mehr!
Man halte sie in Ehren!

---

36 In dem Sprachförderprojekt „Durch Musik zur Sprache“ wird dieses Prinzip des wiederholten Spielens beliebter Spiele und seine psychologische Bedeutung in der Entwicklungsförderung näher dargestellt (vgl. Tüpker, 2009, S. 22–34).

Wenn keine Schneider wären,
Wir liefen nackt herum.
Schneidri, schneidra, schneidrum!
(Volkslied)

5.6 Der süße Brei

Quellen und Verbreitung

Der süße Brei ist ein Märchen aus der Sammlung der Kinder- und Hausmärchen der Brüder Grimm mit der Nummer KHM 103. Bis zur 2. Auflage lautete der Titel *Vom süßen Brei*. Es ist ein recht bekanntes Märchen, welches sich vor allem häufig in Sammlungen findet, die sich an kleine Kinder richten. In kindgemäßen Fassungen findet es sich als Bilderbuch oder als Hörerzählung mit Musik.

2018 produzierte Ingelore König im Auftrag von MDR und ZDF einen Kinderfilm, der auf dem Märchen beruht, dieses aber zu einer umfassenderen Erzählung ausbaut.[37]

Reflexionen

Auf einer ersten Ebene ist das Märchen leicht zu deuten: Es geht um Armut und Hunger und die wunderbare Verwandlung in immerwährende Sattheit. Vieles deutet daneben darauf hin, dass sich darin frühkindliche Zentrierungen und Fantasien spiegeln, die sich auf die frühe „orale" Phase beziehen, in der das Erfahren von Hunger und Gestillt-Sein allumfassend ist. Dazu passt, dass es ein Zweipersonenmärchen ist, Mutter und Kind, auch wenn die Rollen hier vertauscht sind. Der Vater als der Dritte spielt noch keine Rolle. Die nahrungsspendende Mutter-Kind-Beziehung, die das Erleben des Kindes im ersten Lebensjahr so maßgeblich gestaltet, weist zugleich weit über sich hinaus. So geht es um nichts weniger als das Urvertrauen in sich und die Welt, welches sich hier ausbildet, wenn es gut läuft oder Misstrauen und dauerhafte Verunsicherung, die entstehen können, wenn Abstimmung und Regulierung grundlegend misslingen. Das Märchen verdichtet beides zu einer Erzählung über das Zuwenig und das Zuviel, den Hunger und das Überschwemmt-Werden, das Gelingen und Misslingen.

37 S. Wikipedia: „Der süße Brei (2018)". Abgerufen am 10. März 2020.

Man kann den Bedeutungen des Märchens über die Frühphase hinaus nachspüren, wenn man das Ganze auf eine persönliche und zugleich allgemeinere Ebene hebt: Was ist bei mir das Zuwenig und Zuviel, wo fällt es schwer, das zu regulieren, woran mangelt es, wann wurde aus „endlich genug" Überfluss und dann Überdruss? Das lässt sich auch auf eine gesellschaftliche Situation beziehen, Einfälle betreffen den Hunger in Ländern der „Dritten Welt" versus das Übermaß an Nahrung in den anderen Ländern, die Überproduktion an Nahrungsmitteln und materiellen Gütern überhaupt und deren verheerende Wirkung. So ist es auch ein hoch aktuelles Märchen, wie es in der lesenswerten Neuerzählung von Janosch umgesetzt ist, in der Mutter und Tochter und ihre beiden Männer das Können des Töpfchens vermarkten, damit immer reicher und zugleich immer gieriger werden, darüber alle viere das Zauberwort vergessen und die Welt droht vom Überfluss begraben zu werden, wenn nicht jemandem das Zauberwort zur Umkehr einfällt. Ob dies gefunden wird, bleibt offen (vgl. Janosch, 1986, 223–232).

Bei älteren Menschen, die den Zweiten Weltkrieg und die Nachkriegszeit erlebt haben, kann beides biografische Erfahrung sein, der Hunger und der Überfluss. Auch in der Arbeit mit Flüchtlingen kann es das Erlebnis des Hungers oder des existentiellen Mangels als eigene Erfahrung geben. Auch das Zuviel und Zuwenig an Arbeit ist ein Thema, an welches sich sowohl biografisch als auch gesellschaftlich anknüpfen lässt. So froh man sein kann, Arbeit zu haben, so kann man doch auch in ihr begraben werden.

Daneben kann auch die in dem Märchen so bezeichnende Materialität Einfälle hervorbringen: Was ist das Breiige, das Süße, das Klebrige, durch das man sich immer wieder durchfressen muss, bis man auf etwas Festes, auf den Kern der Sache stößt oder sein Ziel erreicht? Das kann z. B. die Erfahrung mit einer überbordenden Bürokratie sein, durch die man sich erst einmal durchfressen muss oder die Notwendigkeit des sich Einarbeitens in verklebte Strukturen einer Institution. All diese Themen können angesprochen sein, wenn man dieses Märchen vorliest.

Es kann aber auch ganz praktische Erinnerungen auf den Plan rufen: Hirse quillt, erst dann wird sie genießbar. Aber wie bei allem, was quillt und gekocht wird, kann sich dieser Prozess auch selbständig machen, kann überkochen und über das Gefäß, in dem es gefasst sein soll, hinausgeraten. Diese Erfahrung, etwa bei der leicht überkochenden Milch, hat vermutlich jede/r schon einmal gemacht und man kennt das Gefühl, den

Stress, die Hilflosigkeit, die das macht und kann dennoch oft im Nachhinein darüber lachen.

Eine weitere Version der Thematik zeigt sich in der meist schnell auftauchenden Verbindung zur Ballade vom Zauberlehrling von Johann Wolfgang von Goethe (1797)[38]. Gemeinsam ist beiden die – fehlende – Beherrschung der Zauberkräfte. Sind die Rollen bei Goethe auf Meister und Lehrling verteilt, so ist das Besondere am Süßen Brei, dass es hier das Kind ist, welches die Kräfte beherrscht und die Worte nicht vergessen hat.

Verwendung und Gestaltung

Im Kontext der Altenarbeit gehört dieses Märchen zu denen, die an Bekanntes anknüpfen und Erinnerungen hervorrufen, da das Märchen vielen alten Menschen bekannt sein dürfte. Es lässt sich daher gut in eine „Märchenstunde“ als bekanntes Märchen einbauen. Es ist relativ kurz und einfach und kann verschiedene Anknüpfungspunkte für persönliche Erinnerungen bieten, wie sich aus den Reflexionen erschließen lässt.

In der Arbeit mit kleinen Kindern kann das Märchen vorgelesen werden und anschließend das Hineinkommen in die Stadt zu einem Spiel gemacht werden, indem die Kinder durch etwas Enges, etwa einen Krabbeltunnel, hindurchkrabbeln müssen.

Auch aus dem „Töpfchen koch!“ – „Töpfchen steh!“ kann ein Spiel gemacht werden, bei dem jeweils ein Kind über die Zauberkräfte verfügt. Die anderen Kinder mimen indirekt den Brei, indem sie wild im Raum umherlaufen, mit den Armen rudern oder Tücher schwingen. Zunächst aber stehen sie still. Das zaubernde Kind muss nun die anderen Kinder in Bewegung versetzen, indem es ruft „Töpfchen koch!“ Nach einer Weile versucht es zunächst allerlei „falsche“ Zauberworte wie „Töpfchen halt an!“ oder „Töpfchen hör auf!“ oder ..., bis ihm der „richtige“ Spruch einfällt. Wenn es den ruft, bleiben alle Kinder sofort stehen und das nächste Kind darf die Zauberrolle übernehmen.

Hier kann das Beherrschen und Beherrscht-Werden in wechselnden Rollen erlebt werden. Das Spiel ist ein „Dirigentenspiel“, bei dem die Kinder abwechselnd die Rolle des „Bestimmers“ übernehmen können (vgl. Tüpker, 2009, 69).

38 In der Ausgabe letzter Hand von 1827 online verfügbar unter: https://de.wikisource.org/wiki/Der_Zauberlehrling_(1827)

Ein „Lernteil“ kann darin bestehen zu erfahren, was eigentlich der in Märchen häufiger vorkommende „Hirsebrei“ ist. Die Kinder können Hirse als (recht gesundes) Nahrungsmittel kennenlernen und eventuell einmal süßen Hirsebrei herstellen und probieren. (Es gibt inzwischen wieder zahlreiche Rezepte mit Hirse, die sich auch mit Kindern gut gemeinsam kochen lassen.)

5.7 Der Froschkönig

Quellen und Verbreitung

Unter dem Doppeltitel *Der Froschkönig oder der eiserne Heinrich* steht das Märchen als KHM 1 an erster Stelle der Kinder- und Hausmärchen der Brüder Grimm.

Es handelt sich um ein nachweislich bereits vor der Aufzeichnung durch die Brüder Grimm weit verbreitetes Märchen: Der Aarne-Thompson-Uther-Index verzeichnet allein 38 deutsche Varianten aus unterschiedlichen Gegenden, in denen es um einen Frosch geht, der ein verzauberter Prinz ist (ATU 440). In der heutigen Verbreitung ist es auch dieser Teil der Geschichte, der allgemein bekannt ist und erinnert wird, während der zweite Teil, bei dem es um die Vorgeschichte des Königssohnes und seines treuen Dieners Heinrich geht, oft erst nachträglich und eher unscharf bleibend erinnert wird. Das zeigen auch die zahlreichen Fassungen für Kinder und die Titel der diversen Verfilmungen, für die hier stellvertretend der zauberhafte Scherenschnitt-Animationsfilm „The Frog Prince“ von Lotte Reiniger (1954) genannt sein soll. Wie in dieser Animation wurde auch hier nur der erste Teil des Märchens nacherzählt und mit der Hochzeit und einer üblichen Märchenformel abgeschlossen. Verwandt ist auch das Märchen „Der Froschprinz“ (KHM 99a), bei der es die jüngste von drei Schwestern ist, die den Frosch dreimal in ihr Bett lässt, bis er sich zum Prinzen verwandelt.

Weitere Beispiele für die Verbreitung des Themas durch Filme sind *Der Froschkönig* von Otto Meyer (1954), *Froschkönig* von Walter Beck (1988), der DEFA-Märchenfilm *Froschkönig* und die tschechisch-deutsche Produktion *Der Froschkönig* (tschechisch *Zabí král*) von Juraj Herz (1991). Als Animationsfilm wurde es in die japanische Fernsehreihe *Gurimu Meisaku Gekijōu* (1987) aufgenommen. Die jüngste deutsche Verfilmung ist *Der Froschkönig* von Franziska Buch (2008). Die Varianten, die in diesen Filmen umgesetzt werden, zeigen, dass wir es hier mit einem Grundthema zu tun haben, welches sich in sehr unterschiedliche Richtungen fortführen und damit auch interpretieren lässt.

Als jüngste, US-amerikanische Verfilmung wurde der animierte Musical-Fantasyfilm *The Princess and the Frog* von Disney 2009 international bekannt. Unter dem Titel *Küss den Frosch* kam er im selben Jahr auch in die deutschen Kinos. 2010 erhielt er als bester Animationsfilm den Oscar und den Golden Globe Award. Er zeigt, dass moderne Fassungen sich sehr weit von dem bekannten Märchentext entfernen können und dennoch der psychologische Kern erhalten bleibt, der offensichtlich thematisch verschiedene Zeiten und kulturelle Räume überdauert. Auf das Kinderbuch *Esmeralda, Froschprinzessin* der US-amerikanischen Schriftstellerin E. D. Baker zurückgreifend (Baker, 2004) erzählt der Film die dramatische Geschichte der Liebe des afroamerikanischen Mädchens Tiana und des Prinzen Naveen aus dem fiktiven Königreich Maldonia.

Reflexionen

In der hier dargebotenen einteiligen Form ist das Märchen die Erzählung über ein verspieltes Mädchen, das über verschiedene Entwicklungsschritte zur Frau heranreift. Den Ball als Spielzeug mit seiner vollkommenen runden Form kann man als Symbol dafür verstehen, dass das Leben in der Kindheit für sich genommen perfekt ist. Das Gold als edles Metall, das sich mit nichts verbindet, unterstützt dieses Bild und ist natürlich auch ein Zeichen der edlen Herkunft oder des edlen Wesens der Protagonistin. Im Verlorengehen dieses Spielzeugs deutet sich das Ende dieser vollkommenen Kindheit an, die mit dem Bild der Tiefe des Brunnens unrettbar verschwunden ist.

Viele Deutungen des Märchens betonen die sexuellen Anklänge der Bilder in diesem Märchen mit dem Frosch als Symbol für die zunächst als eklig empfundene männliche Sexualität, dem Einschreiten des Vaters, dem Sich-Sträuben der Königstochter, die nur ihr Kinderspielzeug zurückhaben möchte und sich nicht auf einen nächsten Entwicklungsschritt einlassen will. Die „Erlösung" geschieht durch eine aggressive Geste, mit der die eigene Entwicklung dann in die Hand genommen wird. Paradoxerweise löst sie sich damit von der väterlichen Befehlsgewalt, nimmt den nächsten Entwicklungsschritt, ohne es zu *wissen*, selbst in die Hand und gewinnt den Prinzen. Amüsant ist hier, dass sich die verschiedenen Verarbeitungen des Märchens uneinig darüber zu sein scheinen, ob man den Frosch

Der Froschkönig

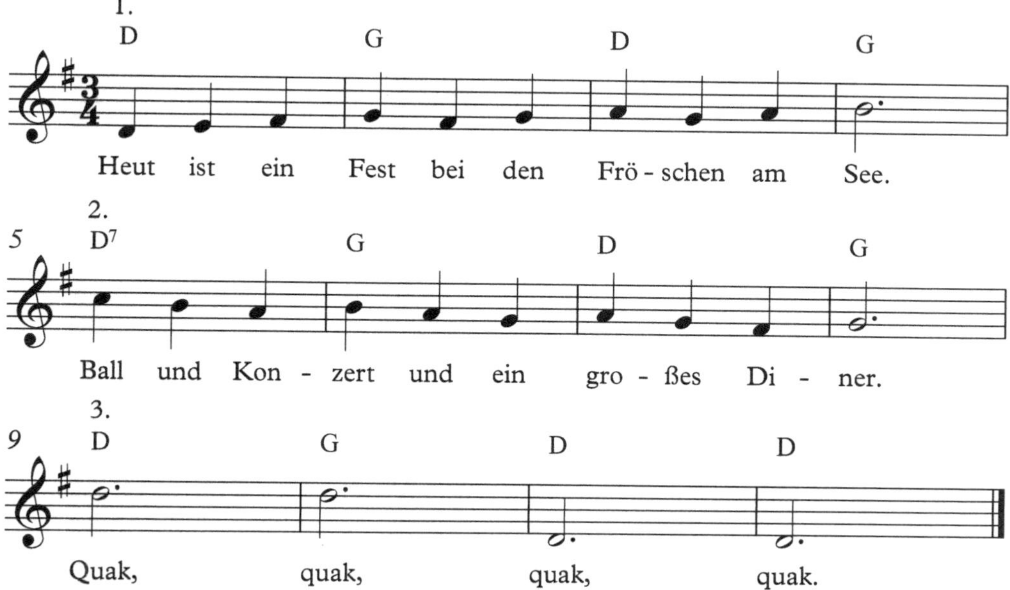

an die Wand werfen oder küssen muss, damit aus ihm ein schöner Prinz wird.

Mehr als viele Deutungen sind die Grundzüge des Märchens mit dem animierten Scherenschnittfilm von Lotte Reiniger auf den Punkt gebracht.[39]

Verwendung und Gestaltung

In dieser einfachen Fassung ist das Märchen durch seine vielen wörtlichen Dialoge sehr gut zu verstehen und gehört zu den bekannten Märchen, an die sich alte Menschen gern erinnern. Es eignet sich in der Altenarbeit daher gut für Märchenstunden im Wechsel mit einem unbekannten Märchen.

Eine „goldene Kugel" (goldfarbener Ball) und ein Frosch aus Stoff können im Mittelkreis oder zum Herumgeben (oder Herumwerfen) ausreichen, um die Erinnerung an das Märchen wachzurufen und zu repräsentieren. Auch gibt es ein Musikinstrument, das „Klangfrosch" heißt. Es ist aus Holz, hat die Form eines Frosches und man kann damit auf sehr einfache Weise das Quaken eines Frosches imitieren.[40]

---

39 S. https://www.youtube.com/watch?v=ii4OZ76QtWQ. Abgerufen am 13. März 2020.

40 In einer mittleren Größe preiswert, gut klingend und auch für andere musikalische Aktivitäten sowohl bei Kindern als auch bei alten Menschen sehr beliebt.

In Kindergruppen kann eine szenische Umsetzung erfolgen, wobei die „Dialoge“ frei gesprochen werden und die Rollen (Königstochter, Frosch/Prinz, Vater) wechseln können. Auch hier kann ein Frosch aus Stoff an eine Wand (Zwischenwand, Tür etc.) geworfen werden, hinter der das Kind wartet, welches dann als Prinz hervortritt (eine Rolle, für die das Kind gut warten können muss, weil es erst nach längerer Zeit drankommt, dafür aber einen triumphalen Auftritt hinlegen kann, der durch einen musikalischen Tusch, z. B. mit einem Becken oder einer Trommel unterstützt werden kann). Der „Auszug“ des Prinzenpaares kann mit einer entsprechenden Musik vom Tonträger oder live begleitet werden und alle Kinder können mitziehen.

Eingebaut werden kann auch das bekannte Kinderlied: „Heut ist ein Fest bei den Fröschen am See …“, welches auch als Kanon gesungen werden kann (siehe S. 143).

5.8 Die sieben Reiskörner

Quellen und Verbreitung

Das Märchen aus Burma (Myanmar) wurde aufgezeichnet und in deutscher Sprache unter dem Titel *Über das Teilen* von Jan-Philipp Sendker veröffentlicht (Sendker, 2017, 144–147). Es ist eines der wenigen Märchen, die erst in so junger Zeit schriftlich festgehalten wurden und darüber hinaus in deutscher Sprache erschienen sind. Es dürfte über die Veröffentlichung Sendkers hinaus kaum bekannt sein. Wie verbreitet es in Myanmar selbst oder in anderen Ländern Südostasiens ist, kann nicht eingeschätzt werden.

Reflexionen

Auch in diesem Märchen geht es um Armut und Hunger, deren Ursache hier primär die Situation von Kindern ohne Eltern ist. Auch wenn das Märchen aus einem fernen Land kommt, berührt die geschilderte Situation doch viel Bekanntes: Hungrig einschlafen zu müssen wird vielen älteren Menschen ebenso bekannt sein wie Menschen, die aus armen Ländern geflüchtet sind.

Auf der symbolischen Ebene kann diese Metapher aber auch an die seelische Situation erinnern, allein einschlafen zu müssen nach einem Tag, der zu wenig Liebe, Anerkennung und Beachtung geboten hat. Das kann sich auf jedes Alter beziehen: In der Kindheit berührt es die emotionale Abhängigkeit von den Eltern, in jedem Alter unerfüllte Liebesbedürftigkeit, das Einschlafen-Müssen nach einem Streit, den Hunger nach erfüllenden, sättigenden Erlebnissen, der nicht gestillt wurde. Im hohen Alter kann es für die Einsamkeit stehen, die durch die gehäuften Verluste von Angehörigen und nahestehenden Menschen entstanden ist und für den Verlust eigener Fähigkeiten, wodurch die Tage unausgefüllter geworden sind.

Das freiwillige und großzügige Teilen trotz eigener Armut ist ein typisches Märchenmotiv, das hier nicht anders als in den bekannten deutschen Märchen zum Glück führt. Wie in vielen Märchen auf der ganzen Welt finden wir die wünschenswerten und die moralisch abgelehnten menschlichen Eigenschaften auf die verschiedenen Protagonisten der Geschichte verteilt: Hilfsbereitschaft gegenüber Gleichgültigkeit, Großzügigkeit und Mitgefühl gegenüber Geiz und Neid.

Die sieben Reiskörner erinnern daran, dass wir die Zahl sieben auch aus europäischen Märchen kennen, etwa in dem Märchen von den sieben Raben und als Zeiteinheit. Wir finden sie als mythische Zahl in verschiedenen Religionen und Kulturen. Aus der Genesis kennen wir die sieben Tage der Schöpfung, die sieben fetten und die sieben mageren Jahre, das Buch mit den sieben Siegeln und die sieben Sendbriefe. In der griechischen Mythologie gibt es die sieben Weltwunder, die sieben Helden von Theben und die sieben Weltmeere, im Katholizismus sieben Tugenden, sieben Laster und sieben Sakramente. Und nicht nur im Islam gibt es den siebten Himmel als Ort der höchsten Glückseligkeit.

Auch in diesem Märchen scheint der Zauberei aber auch, wie die Hirse in *Der süße Brei*, die praktische Erfahrung zugrunde zu liegen, dass ein Nahrungsmittel beim Kochen quillt und dadurch mehr wird. Hier ist aber stärker die Verbindung zur psychologischen Figur berührt, die sich in dem bekannten Sprichwort ausdrückt, dass geteiltes Leid halbes Leid und geteilte Freude doppelte Freude sei. Es markiert den Unterschied des Teilens im materiellen und seelischen Bereich, was in dem einen weniger wird, wird in dem anderen mehr.

Verwendung und Gestaltung

In allen Bereichen ist das einfach strukturierte und berührende Märchen gut geeignet, einmal etwas Neues aus „fernen Landen" zu erzählen und doch an Bekanntes und Universales anzuknüpfen. Es eignet sich sehr gut für den Austausch über äußere Erfahrungen wie über Gefühle des Mangels und der Bedürftigkeit, Das kann sowohl in der Arbeit mit alten Menschen ein Thema sein wie mit Menschen, die eine Flucht oder Migration hinter sich haben.

Im Hinblick auf Lernaspekte bei Kindern können je nach Alter Fragen rund um das Nahrungsmittel Reis angestoßen werden, von der praktischen Erfahrung des Reiskochens bis hin zu den Fragen, wo und wie Reis angebaut wird und dass es in China Funde von Reiskörnern aus der Zeit von über 5000 Jahren vor Christus gibt.

Mit Jugendlichen findet das Märchen vielleicht als Erzählung aus einem fernen Land bessere Akzeptanz, gerade weil es nicht bekannt ist und nicht als Kinderkram abgetan werden muss.

Für einen Märchennachmittag mit alten Menschen eignet sich das Märchen als Unbekanntes zwischen bekannteren Märchen und sollte mit der expliziten Ankündigung, dass es eine Erzählung aus dem fernen Burma ist, eingeleitet werden und Neugier hervorrufen. Entsprechend kann es auch für einen Nachmittag ausgewählt werden, an dem alte Menschen und jüngere Kinder ein Märchen vorgelesen bekommen.

Musikempfehlung

Deuter: „Buddha Nature"

als eine Musik, die nicht real aus dem Land des Märchens stammt, aber von westlichen deutschen Zuhörer*innen dem „Östlichen" zugeordnet wird, während die verfügbaren Aufnahmen, etwa von klassischer Musik aus Burma, eher nicht so leicht zu hören sind.

Auch mit einer anderen „meditativen" Musik kann man das Märchen gut ausklingen lassen.

5.9 Die Kobolde von Cornwall

Quellen und Verbreitung

Das aus England stammende Märchen heißt im Original *Bucca Dhu and Bucca Gwidden* und findet sich bei Ethel Johnston Phelps (1978, 139–142). Es ist im deutschen Sprachraum kaum bekannt und wurde mir in der Übersetzung und Überarbeitung der Märchenerzählerin Kelley Kucaba zur Verfügung gestellt.[41] Für dieses Buch wurde die komplexe Erzählung stark vereinfacht und es wurde auf die englischen Namen der beiden Kobolde verzichtet.

Reflexionen

Der Grund, dieses ganz unbekannte Märchen aufzunehmen, liegt in der so schön aufmüpfigen Erzählung über eine alte Frau, die sich die Freude am Leben und an den Lastern nicht nehmen lässt und sich erfolgreich gegen die nächste Generation zur Wehr setzt, die das nicht schicklich findet. Damit liegt das Märchen ganz im Trend eines sich wandelnden Bildes vom Alter, wie es z. B. in dem Bestseller vom Hundertjährigen, der aus dem Fenster stieg und verschwand (Jonasson, 2009) und in vielen Filmen gerade sehr beliebt ist.

Auch in der modernen Altenpflege gehört es inzwischen zu den Zielsetzungen, die Individualität alter Menschen und ihre oft noch jungen Bedürfnisse wertzuschätzen und eher zu fördern als zu reglementieren. Musik, Tanz, Kartenspiel oder Bingo[42] gehören zu jeder Alteneinrichtung, die für sich werben will und auch alkoholische Getränke werden nicht länger einem generellen Tabu unterworfen bzw. nicht mehr ausschließlich unter dem Aspekt möglicher Suchterkrankungen betrachtet.

Verwendung und Gestaltung

Entsprechend passt dieses heitere Märchen, welches zu diesem Zweck stark vereinfacht wurde, gut in Märchenstunden in der Altenarbeit und spricht vor allem das Unternehmungslustige an. Es lässt sich gut zwischen bekannteren Märchen platzieren oder auch als Schluss nach einem Märchen, welches eher nachdenklich stimmte.

Will man es jahreszeitlich einbinden, würden sich sowohl die Karnevalszeit anbieten als auch der späte Herbst, etwa zu Halloween, soweit dies ein schon bekanntes Ereignis geworden ist.

---

41 https://www.maerchenquellruhr.de/das-sind-wir/kelley-kucaba/. Abgerufen am 13. März 2020.

42 Fassungslos lasen wir Anfang 2018 in der Presse vom drohenden Bingo-Verbot in Alteneinrichtungen wegen des Verdachts auf illegales Glücksspiel.

Es eignet sich auch zum Vorlesen in der intergenerativen Arbeit, weil auch Kinder Spaß an der Aufmüpfigkeit der alten Frau haben und sich mit ihr solidarisieren werden.

Soweit das Alter der Kinder und die Verfassung der älteren Menschen dies zulassen, kann es sehr gut zu Gesprächen darüber anregen, was sich in welchem Alter angeblich gehört oder nicht.

Verwendet man das Märchen in einer reinen Kindergruppe, kann natürlich auch ein szenisches Spiel, hier – ebenfalls vielleicht jahreszeitlich zu Karneval oder Halloween – eingebunden werden.

Musikempfehlung

Die Märchenerzählung kann mit einer Tanzmusik vom Tonträger abgerundet werden.

Will man selbst etwas singen, so passt das bekannte Lied: „Wenn die Bettelleute tanzen", welches man, wenn man mag, natürlich auch umdichten kann als „Wenn die alten Leute tanzen".

Kommt man über eine Brücke,
Klappern sie mit Stock und Krücke.

Kommt der Bauer vor die Türe,
Steh'n da gleich ein Stücker viere.

Kommen sie in eine Schänke,
Spring'n sie über Tisch und Bänke.

Haben sie nun ausgesaufet,
Wird der Bettelsack verschmauset.

Dann stibitzte Vogeleier,
Mit sauren Gurken für zwei Dreier.

Für die Sechser und die Groschen
Schnapsen drauf sie unverdrossen.

Nun wohlan, ihr Schwestern, Brüder!
Seid ihr satt und legt euch nieder.

Seid ihr satt und legt euch nieder!
's wird euch keiner etwas mausen.
(Text und Melodie nach mündlicher Überlieferung)

5.10 Das ewige Lied

Quellen und Verbreitung

Das kaum bekannte Märchen wurde von Friedrich Neisser aufgezeichnet und 2007 neu herausgegeben von Roger Michael Allmannsberger (Neisser, o. J.). Es findet sich auch in dem österreichischen Onlineportal sagen.at.[43]

Reflexionen

Das Märchen ist in mehrfacher Hinsicht ungewöhnlich, was bei Hörer*innen Verwunderung und Ratlosigkeit auslöst bis hin zur Verärgerung und dem Gefühl, um das erwartete Märchenschema betrogen worden zu sein.[44] Man findet das Verhalten des Protagonisten wie das ganze Märchen erst einmal höchst befremdlich. Dieses Gefühl der Fremdheit wird dann im zweiten Anlauf zu einem zentralen inhaltlichen Thema, um das sich das Märchen zu drehen scheint. Der Gegenspieler des Fremden ist die Zu-

43 http://www.sagen.at/texte/maerchen/maerchen_oesterreich/oberoesterreich/Das_ewige_Lied.html. Abgerufen am 13. März 2020.

44 Die Reflexionen beruhen auf den Einfällen einer Gruppe, durchgeführt und zusammengefasst von Hannah Purschke (2018), ergänzt durch eine weitere Untersuchung der Autorin (RT) mit einer anderen Gruppe.

gehörigkeit und die Frage nach der (wahren) Heimat, die letztlich nach einem langen Leben und Suchen in der Seligkeit des Todes gefunden wird.

Das Märchen motiviert zum Nachdenken über das eigene Weggehen vom Elternhaus, dem Ort der Schulzeit oder es erinnert an den Verlust der Heimat, dem Leben in der Fremde und den Wünschen nach Zugehörigkeit. Das spiegelt sich noch einmal besonders in der Szene mit den „Zigeunern", die wie ein Prototyp des Unsteten seien, des Leidens an der Nicht-Zugehörigkeit, am Fremdsein, aber auch der Freude am Umherziehen in einer Gemeinschaft, in der die Geborgenheit mitreist. Dass Martin da wieder weggeht, können einige am wenigsten nachvollziehen.

Es wird aber auch deutlich, dass die Thematik über das Bild des Lebensweges alle Menschen betrifft, nicht nur die, die real fern der Heimat leben, und dass das Spannungsfeld von Fremdheit und vertrauter Geborgenheit, von neugierigem Aufbruch und dem Wunsch nach Zugehörigkeit auch ein allgemeines Lebensthema ist.

Eine Variante ist die Thematik von Neubeginn und Ankommen. Dass der Protagonist sich immer wieder wegschleicht, dass es nie genug zu sein scheint, lässt an eigene Tendenzen dieser Art denken. Es wirft die Frage auf, wann der richtige Zeitpunkt wäre, nicht noch eine Weiterbildung zu beginnen, sondern beruflich umzusetzen, was man gelernt hat. Sonst ginge es einem noch wie diesem Martin, dessen Verhalten heftige Ambivalenzen auslöst zwischen Kritik oder dem Befremden darüber, dass er schon wieder davonläuft, aber auch der Bewunderung dafür, mit welch schlafwandlerischen Sicherheit er die nächste Station seines Lebens findet und ganz ohne erkennbaren Ehrgeiz überall erfolgreich ist.

Martin ist ein junger Mann, der von Anfang an alles hat und damit zufrieden ist. Darin zeigt sich der erste märchenuntypische Punkt, dem Fehlen einer Mangelsituation. Das Märchen käme gar nicht in Gang, wäre da nicht dieser singende Vogel und sein Lied, welches von nun an, wie ein zweiter Protagonist, durch die Geschichte führt.

Das Lied wird zum Repräsentanten des Aufbruchs und der vielen Neuanfänge im Leben, ohne die ein Weg gar nicht entstehen könnte und damit auch keine Heimkehr möglich wäre. Und es steht paradoxerweise zugleich für die Heimat selbst, die Sehnsucht nach der Rückkehr in das Vertraute. Während Martin sich an den Nussbaum, den Holunderbusch und das väterliche Haus als Zeichen des Vertrauten erinnert, ist er den dort lebenden Menschen fremd geworden, weil er aus einer anderen Zeit kommt. Damit und mit der Seligkeit im Tod wird eine Verbindung zum Religiösen (in der Interpretation von re-ligio als Rückbindung) hergestellt, die dem Verständnis des Märchens eine neue Wendung gibt. Der Schluss erscheint in diesem neuen Licht als das Angekommen-Sein im ewigen Lied, in einem Jenseits, in dessen Glück und Seligkeit erst alle Widersprüche aufgehoben sind. Darauf war die Sehnsucht des ewigen Liedes ausgerichtet, welches er erstmals von einem Vogel, also einem Boten des Göttlichen, mitten in der Zufriedenheit hörte und welches ihn seither in all den irdischen Abenteuern immer wieder aufgerufen hatte.

Auch in diesem Schluss unterscheidet sich das Märchen von den Erwartungen der Hörer*innen. Es wird konstatiert, dass die meisten Märchen mit der Hochzeit und dem Erwerb eines Reiches, als dem abgesteckten eigenen Lebensraum, enden. Hier aber werde ein komplettes Leben erzählt mit mehrfachen Gewinnen und Verlusten bis in den Tod, der als das Ankommen im eigenen Lied verstehbar werden kann.[45] Dieses Märchen erinnere an den Aphorismus:

In jedem ruht ein Bild des', was er werden soll,
solang er das nicht ist, ist nicht sein Friede voll.[46]

Verwendung

Das Märchen eignet sich weniger für die Arbeit mit Kindern. Mit jüngeren Erwachsenen kann es die Erfahrung des Verlustes der Heimat und des Lebens in der Fremde ansprechen und dazu anregen, über den eigenen Lebensweg nachzudenken. Es kann daher gut geeignet für die Arbeit mit Geflüchteten sein oder anderen Menschen, die nicht in der Heimat leben.

Am nächsten liegt die Verwendung in der Arbeit mit alten Menschen. Die meisten, die in Alteneinrichtungen arbeiten, kennen den von den Bewohner*innen geäußerten Wunsch, nach Hause zu wollen. Gerade bei dementen Menschen nutzt es dann wenig, ihnen wieder und wieder zu erklären, dass sie jetzt hier zu Hause seien. Aber auch bei anderen kann man spüren, dass mit diesem Wunsch auch der nach einem letzten Zuhause, also dem eigenen Sterben gemeint ist.

Das Vorlesen dieses Märchens bei einem Märchennachmittag kann ein Sprechen über das Thema Tod und Sterben anregen, welches in manchen Alteneinrichtungen immer noch ein Tabuthema ist, obwohl es durch das

45 Es gibt durchaus weitere Märchen, in denen vom Übergang in eine andere Welt erzählt wird, wie z. B. das Bechstein-Märchen „Der Mönch und das Vögelein".

46 Angelus Silesius (1624–1677) zugeschrieben und in Variation von Friedrich Rückert aufgegriffen.

Versterben von Mitbewohner*innen doch ständig präsent ist. Dieses seltsame Märchen kann den Einstieg in ein Gespräch erleichtern und wie bei allen schwierigen Themen ist es besser miteinander zu sprechen als Themen zu meiden und mit den Gefühlen alleine zu sein. Und das Gespräch kann auch die Stille, das miteinander Schweigen einschließe.

Musikempfehlung

Als Musik nach dem Märchen könnte eines der folgenden Stücke geeignet sein:[47]

- Erik Satie: Gymnopädie Nr. 1 (Klavier) (ca. 3,5 Min.)
- Avo Pärt: Spiegel im Spiegel (Violine und Piano oder Cello und Piano (9–10 Min.)
- Frédéric Chopin: Nocturne No. 21 in c-Moll op. Posthum (ca. 4 Min.)

Zum gemeinsame Singen in der Gruppe bietet sich das bekannte Lied „Der Mond ist aufgegangen“ an.

Wie ist die Welt so stille
und in der Dämm’rung Hülle,
so traulich und so hold,
gleich einer stillen Kammer,

47 Alle Stücke sind einzeln verfügbar bei den bekannten Streaming-Diensten.

wo ihr des Tages Jammer,
verschlafen und vergessen sollt.

Seht ihr den Mond dort stehen,
er ist nur halb zu sehen
und ist doch rund und schön.
So sind wohl manche Sachen,
die wir getrost belachen,
weil unsre Augen sie nicht seh'n.

So legt euch denn ihr Brüder
in Gottes Namen nieder.
Kalt weht der Abendhauch.
Verschon' uns Gott mit Strafen
und lass' uns ruhig schlafen
und unsern kranken Nachbarn auch.
(Text: Matthias Claudius)

5.11 Das hässliche Entlein

Quellen und Verbreitung

Das hässliche junge Entlein ist ein Dichtermärchen von Hans Christian Andersen. Es erschien erstmals 1843 unter dem dänischen Titel *Den grimme Ælling* und wurde 1844 in die Märchensammlung Nye Eventyr (Neue Märchen) aufgenommen (deutsche Fassung in Andersen, 2010, 149–157).

Das Märchen ist eines der bekannteren Märchen des dänischen Schriftstellers, findet sich in vielen Sprachen und zahlreichen Märchenbüchern für Kinder und wird bis heute in den verschiedenen Medien rezipiert. Im Jahr 2004 entstand die 90-minütige Märchenoper von Vivienne Olive mit einem Libretto von Doris Dörrie.

Internationale Bekanntheit gewann der neunminütige animierte Kurzfilm *The Ugly Duckling* von Jack Cutting aus dem Jahr 1939, der in den Disney Studios produziert wurde.

Reflexionen

Oft wird gerade bei diesem Märchen eine biografische Verbindung zum Autor Hans Christian Andersen (1805–1875) selbst gezogen, der aus verarmten und psychologisch schwierigen Verhältnissen kam. Es ist gut einfühlbar, dass er sich selbst als hässliches Entlein erlebt haben mag, welches verlacht, verspottet und herumgeschubst wird, als er 14-jährig vom ländlichen Odense ins großstädtische Kopenhagen kam. Seine ursprünglichen Träume, Schauspieler oder Sänger zu werden, erfüllten sich nicht und seine Depressivität ist in seinem gesamten Werk spürbar. Erst nachdem er im Ausland Erfolg hatte, fand der Dichter Anerkennung im eigenen Land und man fühlt mit ihm den Schluss des Märchens: „Da brausten seine Federn, der schlanke Hals hob sich und aus vollem Herzen jubelte er: ‚So viel Glück habe ich mir nicht träumen lassen, als ich noch das hässliche Entlein war!'" In einem Brief an Georg Brandes schrieb Andersen im Alter von 64 Jahren selbst, das hässliche Entlein sei eine Widerspiegelung seines eigenen Lebens (Perlet, 2005, 110).

Die Erzählform bei Andersen ist novellenhaft mit vielen, sprachlich sehr differenzierten Wendungen, ausgeschmückt mit romantischen Landschaftsbeschreibungen und komplexen Dialogen, die vermutlich mit zur Umsetzung dieses Märchens auf der Theater- und Opernbühne beigetragen haben. Das Märchen dürfte vielleicht weniger im Original bekannt sein als durch das zentrale Bild, welches längst zur Metapher geworden ist als das hässliche Entlein, aus dem irgendwann ein schöner Schwan wird.

Jenseits aller biografischen Verbindung zeigen die Bekanntheit, die weltweite Verbreitung und vielfache Verarbeitung des Märchens, wie gekonnt hier eine Grundkonstellation menschlicher Erfahrung in eine märchenhafte Erzählung aus der Tierwelt gefasst wurde. Wir finden das Märchen in vielfachen Varianten für Kinder aufbereitet und es erlangte nicht zuletzt über den gleichnamigen Disneyfilm von 1939, der 1940 den Oscar in der Kategorie „Bester animierter Kurzfilm" bekam, weltweit große Bekanntheit.[48] Der ganz ohne (menschliche) Sprache auskommende Film setzt einen anderen Schwerpunkt als das Andersen-Märchen, weil hier das Verstoßen-Werden durch die eigene Mutter hinzukommt und die Erlösung in der Annahme durch die wahre, annehmende Mutter (einen Schwan) liegt. Als leicht süffisantes Nebenthema gelingt es Disney auch ohne Sprache, den Zweifel des Entenvaters an seiner Erzeugerschaft und die empörte Reaktion der Entenmutter ins Bild zu setzen.

Nicht dazuzugehören, anders zu sein, verspottet, „gemobbt" zu werden, wie es in der modernen Sprache heißt, ist eine schmerzhafte Variante menschlicher Erfahrung, die zu allen Zeiten und in allen Kulturen erlebt

48 Auf Youtube verfügbar: https://www.youtube.com/watch?v=YjfwjqFhlWs.

wird. Die Gründe dafür mögen unterschiedlich sein: Das reicht von dem Gefühl, von Mutter oder Vater nicht angenommen, nicht geliebt worden zu sein über Mobbingerfahrungen in der Schule bis hin zum Anders-Sein durch Hautfarbe, Herkunft, Sprache oder eine Behinderung. Es hat manchmal mehr psychologische Gründe, manchmal eher äußere Gründe realer Diskriminierung.

Das Märchen beschreibt, so der Psychotherapeut Mathias Jung, den Archetypus des Außenseiters, die damit einhergehende Depression darüber, nicht so zu sein, wie die anderen oder man selbst dies erwartet und die Erlösung vom Minderwertigkeitskomplex (vgl. Jung, 2011).

Im Triumph, ein stolzer Schwan zu sein, steckt die Umkehr des Minderwertigkeitsgefühls in der Überflügelung. Denn das Verachtete verwandelt sich ja nicht in ein Gleiches, sondern in etwas Größerer, Besseres, Schöneres.

Verwendung und Gestaltung

Das Märchen ist in allen hier angesprochenen Bereichen sinnvoll einzubinden. Damit es verwendbar ist, wurde es sprachlich stark vereinfacht. Auf die poetischen Beschreibungen und sprachlichen Raffinessen des Originals wurde dafür verzichtet und einige Abenteuer wurden weggelassen.

Das Märchen kann nachdenklich machen und an eigene Verletzungen erinnern. Deshalb muss – gerade in der Arbeit mit älteren Menschen oder mit erwachsenen Behinderten – Raum für dieses Nachsinnen und wenn möglich auch für das Gespräch gegeben sein.

In der Arbeit mit Kindern ist eine szenische Umsetzung möglich, die sich dann allerdings möglichst weit vom Text entfernen sollte, damit es nicht zu kompliziert wird. Man kann das vielleicht einige Male vorgelesene Märchen frei in einigen Kernszenen spielen und nur diese erzählerisch aufgreifen. Kernszenen können sein:

1. Die Entlein picken, schlüpfen aus ihren Eiern.
2. Das hässliche Entlein wird von allen verspottet.
3. Das hässliche Entlein läuft davon und macht sich auf den Weg.
4. Es begegnet den Wildenten.
5. Es trifft die alte Frau, die Katze und das Huhn.
6. Es erlebt einen kalten Winter und muss immer umherschwimmen.
7. Es darf in der Scheune des Bauern wohnen und wird von den Kindern versorgt.

8. Es ist Frühling: Es trifft auf die Schwäne und wird von ihnen freudig erkannt und begrüßt.

Aus den Szenen 4, 5, 6 und 7 kann eine Auswahl getroffen werden. Es können aber auch stattdessen eigene Szenen von den Kindern erfunden werden, da kann das Entlein vielleicht in die Entenkita oder Entenschule kommen oder einen netten oder bösen Hund treffen etc.

Das Märchen eignet sich auch als Grundlage für eine kleine Theateraufführung.

5.12 Das kleine Mädchen mit den Schwefelhölzern

Quellen und Verbreitung

Das Dichtermärchen stammt aus der Feder von Hans Christian Andersen, der es im Jahre 1845 während eines neuntägigen Aufenthalts auf dem Schloss Gravenstein an der Flensburger Förde unter dem Titel *Den lille Pige med Svovlstikkerne* schrieb (deutsche Fassung in: Andersen, 2010, 250–252).

Wie *Das hässliche Entlein* gehört es zu den bekanntesten Märchen des Dichters und wird vermutlich von vielen Menschen wie die Volksmärchen aus der eigenen Kindheit erinnert. Es findet sich häufiger in Sammlungen, die als Winter- und Weihnachtsmärchen betitelt sind und gelesen auf diversen Tonträgern, angefangen mit einer Venyl-Single, als Märchenkassette, Hörspiel bis hin zu modernen Audioformaten. Die Tiefe und Ergiebigkeit des Stoffes spiegelt sich in den immer wieder neuen Vertonungen und Verfilmungen in sehr unterschiedlichen Genres.

Eine Oper unter dem Titel *Den lille pige med svovlstikkerne*, op. 12 im Stil eines Musikdramas schrieb schon 1897 der dänische Komponist August Enna. Zwischen 1990 und 1996 entstand das Musiktheater *Das Mädchen mit den Schwefelhölzern* von Helmut Lachenmann ergänzt mit Texten von Leonardo da Vinci und Gudrun Ensslin in der Tonsprache von Arnold Schönberg, Anton von Webern und Luigi Nono, das 1997 in Hamburg uraufgeführt wurde und an das auch eine Ballettfassung des Züricher Balletts anknüpft.

Zu den bekannteren Filmen gehören der 1902 von James Williamson gedrehte Kurzfilm mit dem Titel *The Little Match Seller*, der französische Kurzfilm *La petite marchande d'allumettes* von 1928 unter der Regie von Jean Renoir und der 1937 gedrehte Kurztrickfilm *The Little Match Girl*, der 1938 für den Oscar nominiert wurde sowie der Kurzfilm gleichen Titels von

Roger Allers aus dem Jahr 2006. Der aus den Walt Disney Animation Studios stammende Film mit der Musik von Alexander Borodins Nocturne aus dem Zweiten Streichquartett in D-Dur, Opus 55 wurde 2007 für einen Oscar in der Kategorie „Bester animierter Kurzfilm" nominiert.[49]

Bei den ARD-Märchenverfilmungen *Sechs auf einen Streich* findet sich dieses Märchen in der 6. Staffel als 6. Film aus dem Jahr 2013.

Reflexionen

Die Erzählung bei Andersen ist sprachlich recht komplex und dennoch lässt sich der Kern des Märchens auch allein in Bildern erzählen wie der berührende Disney-Film von 2006 und etliche andere Kurzfilme (Cartoons) zeigen. Sie lässt sich als ein zeitgebundenes und zeitkritisches Sozialdrama verstehen und dennoch zeigen die zahlreichen Verarbeitungen die Aktualität und Übertragbarkeit der Thematik in unsere Zeit. Sie ist unendlich traurig und man könnte meinen, dass dieses Märchen nun wirklich nichts für Kinder sei und dennoch wird es von vielen Kindern geliebt und oft als „Weihnachtsmärchen" oder „Gute-Nacht-Geschichte" bezeichnet.

Woran liegt das? Wieso kann ein so trauriges Märchen, das mit dem Tod der Protagonistin endet, als tröstlich oder schön, als weihnachtlich oder gut zum Einschlafen empfunden werden? Das hängt zum einen mit der Struktur des Seelischen zusammen: Unsere Empfindungen entstehen anhand von Unterschieden und sind durch Polaritäten organisiert. Nur durch Hell und Dunkel haben wir eine Empfindung für das Licht, nur durch die unterschiedlichen Temperaturen haben wir die Empfindungskategorie *Wärme*. Die Kunst nutzt das Ineinander und Auseinander der Gegensätze vielfältig und niemand wundert sich, dass wir uns durch einen spannenden Krimi am Abend zu entspannen suchen, was auch gelingt, solange der Krimi es nicht zu arg treibt oder zu nah an unserer Realität ist.

Das Märchen vom kleinen Mädchen mit den Schwefelhölzern bewegt auf kunstvolle Weise die grundlegenden Polaritäten von Kälte und Wärme, Dunkelheit und Licht, niederdrückender Armut und erhebendem Glanz. Die Rauheit der Armut tritt in Dialog mit den Bildern des familiären Glücks des Weihnachtsbaumes und des gedeckten Tisches. Der Rücksichtslosigkeit der Menschen, die das Mädchen und seine Not nicht sehen, steht die

49 https://www.dailymotion.com/video/x22k1co. Abgerufen am 13. März 2020.

liebende Großmutter gegenüber, die es erkennt und in den Glanz ihrer Liebe hebt.

Wenn man dieses zu Tränen rührende Märchen mag, so liegt das daran, dass das Seelische es mehr im Zusammenspiel und in der Entfaltung dieser Bilder versteht als im Nacheinander der Geschichte. Die Trauer über den Tod des Mädchens und die Herzlosigkeit der Welt wird zum Gefäß für alles Traurige im eigenen Leben. Gegenüber der schnell erlöschenden Flamme der weltlichen Zündhölzer tritt allem Traurigen in dieser Welt die Aussicht auf dauerhafte Liebe und Glückseligkeit gegenüber, die schon in den Bildern des Ofens, des guten Essens und des Weihnachtsbaumes anklangen. Durch seine End-Gültigkeit siegt mit dem Tod des Mädchens dennoch die Seite der Wärme, des Lichts und des Geliebt-Werdens und das Märchen geht auf diese Weise durchaus gut aus.

Für eine solche Deutung sprechen auch die Kurzfilme, die auf jeweils unterschiedliche Art mit genau diesen Bildern spielen, und deshalb auch ganz ohne Text auskommen.[50]

Insofern ist zu vermuten, dass die Beliebtheit des Märchens nur sekundär mit seinem in Analysen oft erwähnten sozialkritischen Aspekt zu tun hat, sondern an erster Stelle mit der besonders gelungenen Ins-Bild-Setzung und Gegenüberstellung allgemeiner menschlicher Nöte und Sehnsüchte. Kälte, Dunkelheit, Nicht-Gesehen-Werden sind Metaphern für innere Empfindungen im Kontakt mit der Realität, die nicht an äußere Armut gebunden sind. Es gibt viele Lebenssituationen oder seelische Verfassungen, in denen wir uns nach Licht, Wärme, mehr Zuneigung und dem Andauern von Liebe und Glück sehnen.

Verwendung und Gestaltung

Dass das Märchen möglicherweise auch eine Todessehnsucht enthält oder die für Andersen so typische Melancholie, muss im Hinblick auf seine Verwendung nicht erschrecken, denn sie ist in dem Märchen in eine Form gebracht, die mit dazu beitragen kann, dass das gemeinsam durchlebt wird und sein darf.

Wenn die Stimmung in der Gemeinschaft immer nur heiter sein *muss*, bleiben Menschen mit ihren Gefühlen der Traurigkeit, mit ihrer Melancholie, die mit zum Empfindungskanon des Menschlichen gehört, allein

50 Viele davon sind auf Youtube zu sehen, insbesondere unter dem englischen Stichwort: Little Match Girl.

und abgeschieden. Das führt eher auch zu einer inneren Abtrennung, die nicht gut ist. „*Spaß muss sein*" kann, wie dieser makabre Slogan es schon ausdrückt, zum Dogma werden und die menschlichen Erfahrungen von Dunkelheit, Kälte und Trauer ungeteilt und ungesehen sein lassen, so wie das Mädchen mit den Schwefelhölzern nicht gesehen wird und mit ihm nicht geteilt wird.

Das Märchen kann eine gute Gelegenheit bieten, dass auch die traurigen Gefühle, die Todessehnsucht und die Melancholie in der Gemeinschaft sein dürfen und durch das Märchen so gut gefasst sind, dass man kein Therapeut sein muss, um diesen Gefühlen Raum zu geben.

Ich denke daher, dass das Märchen für alle hier genannten Arbeitsbereiche verwendbar ist. Maßstab sollte gerade bei diesem Märchen das eigene Empfinden dessen sein, der oder die das Märchen vorliest. Man sollte es nur verwenden, wenn man es selbst mag und ein gutes Gefühl damit hat.

Musikempfehlung

Für Erwachsene ließe sich das Märchen mit der Filmmusik von *The Little Matchgirl* verbinden, die sich auch als Einzelaufnahme bei den üblichen Anbietern finden lässt:

Alexander Borodin: Nocturne aus dem Zweiten Streichquartett in D-Dur, Opus 55.

5.13 Die schöne Katrinelje und Pif Paf Poltrie

Quellen und Verbreitung

Die schöne Katrinelje und Pif Paf Poltrie ist ein Märchen der Brüder Grimm. Es steht in den Kinder- und Hausmärchen der Brüder Grimm an Stelle KHM 131.

Der Name Poltrie erinnert an das Englischen „paltry", was „armselig, karg" bedeutet.

Das Märchen ist eines der weniger bekannten Grimm-Märchen, taucht aber zweimal in einer vertonten Form auf, einmal bei Hedwig von Lölhöffel (1951) als Kreisspiel für Kinder mit einfachen Liedern, zum anderen bei Paul Nordoff und Clive Robbins (1969) als szenisches Singspiel mit Liedern und Klavierbegleitung für geistig behinderte Kinder.

Reflexionen

Das Märchen ist sehr einfach in Sprache und Handlungsablauf, kennzeichnend sind leicht variierte szenische Wiederholungen und einfache Reime. Es enthält keinerlei Zauber, das Spannungsniveau ist flach, eine märchentypische Einleitung und Wendung fehlen. Vielmehr ähnelt es einfachen Reimgeschichten, Liedern oder kann Verwendung als bewegtes Singspiel finden. Erich Colberg (1951, 3) ordnet es der Familie der Kreisspiele zu und empfiehlt es für den Kindergarten und die Grundschule. Er nennt als vergleichbare Spiele „Dornröschen war ein schönes Kind" und „Wer wird fleißige Handwerker sehn?" Aufgrund dieser Besonderheit fand es über die Vertonung des Komponisten und Musiktherapeuten Paul Nordoff auch Eingang in die Arbeit mit geistig behinderten Kindern (Nordoff/Robbins, 1969).

Nordoff betonte die psychologische Bedeutung des Besenbindens in diesem Märchen und macht sie in seinem Spiel sinnlich erfahrbar: Zu Beginn des Spiels wird eine große Unordnung erzeugt, indem herbstliche Blätter und Reisige überall auf dem Boden verstreut werden. Später wird dann eine doppelte Zusammenbindung des Zerstreuten erlebbar: Zum einen werden die Reisige eingesammelt und zu einem Besen zusammengefügt. Danach werden alle Blätter zu einem Haufen zusammengefegt. Durch die begleitenden Lieder und die Musik vom Klavier wird das zu einem schönen Erlebnis der Sammlung. Sowohl das Binden als auch das Fegen machen spürbar, wie gut es tun kann, wenn das Zerstreute zu einer zusammenhängenden Form wird. Nach Nordoff und Robbins kann diese Erfahrung besonders für Menschen mit geistigen Behinderungen therapeutisch wirksam sein, weil ihre Biografien oft von Erfahrungen geprägt sind, die sich nur schwer zu einer biografischen Einheit zusammenfügen, weil die Stationen des Lebens nicht selbst erinnert werden können. Dazu passt, dass aus der buddhistischen Tradition heraus das Fegen als eine meditative Tätigkeit bekannt ist. Das achtsame Fegen einmal selbst in Ruhe zu genießen, kann eine schöne Erfahrung sein.

Das Märchen lebt von den variierenden Wiederholungen. Darin wird durchaus Mühe spürbar, die nötig ist, um ans Ziel zu kommen. Aber anders als in den bekannteren Grimm-Märchen ist der Weg zugleich einfach, ohne große Dramen und Verwicklungen kann das, was zu tun ist, abgearbeitet werden. Insofern hat die gesamte Geschichte etwas vom Fegen, welches nur sorgsam und der Reihe nach zu erledigen ist, damit am Ende alles beisammen ist für die glückliche Heirat. Das Ratespiel am Schluss und sein Ergebnis enthalten die Wertschätzung eines einfachen Handwerksberufes und wirken wie ein Plädoyer für ein einfaches, gutes Leben. Die seltsamen und ein wenig schwer zu sprechenden Namen und ihre holprigen Reime geben dem Ganzen einen heiteren Charakter.

Verwendung und Gestaltung

Das Märchen eignet sich besonders für jüngere Kindern und für Menschen mit stärkeren kognitiven Einschränkungen. Es kann als szenisches Kreisspiel gespielt werden, in das die kleinen Dialoge eingebunden sind, die natürlich nicht wortgetreu nachgespielt werden müssen, sondern jegliche Art von Variationen vertragen.

Noten und Spielanleitung für das musikalische Spiel von Nordoff und Robbins finden sich in der englischen Ausgabe von 1969. Die Organisation des Spiels verlangt allerdings ein gewisses Maß an Erfahrung und man benötigt einen guten Klavierspieler, der die Lieder auf dem Klavier spielt, während eine zweite Person das Spiel anleitet. Dann muss das Spiel aber nicht geübt werden, sondern kann sich von Mal zu Mal entfalten.

In anderen Arbeitsbereichen gilt es selbst einzuschätzen, ob das Märchen als zu kindlich empfunden wird oder der entspannt heitere Touch, die formale Struktur und die vielen Wiederholungen positiv aufgenommen werden und die symbolischen Aspekte des Märchens spürbar werden.

5.14 Jorinde und Joringel

Quellen und Verbreitung

Jorinde und Joringel ist ein durch die Kinder- und Hausmärchen der Brüder Grimm recht bekanntes Märchen. Es steht seit der Erstausgabe 1812 an Stelle KHM 69 und wird in die weiteren Ausgaben ohne größere Änderungen übernommen. Ursprünglich stammt es aus der autobiografischen Schrift *Heinrich Stillings Jugend* von 1777 (Jung-Stilling, 1997). Es gilt als ein Märchen aus der nordhessischen Gegend im heutigen Schwalm-Eder-Kreis. In der Märchenklassifikation stellt *Jorinde und Joringel* einen eigenen Typus dar und wird als ATU 405 klassifiziert.

Beliebtheit und bleibende Aktualität des Stoffes zeigt sich in den vielen gelesenen Fassungen auf Tonträgern, in Hörbuchfassungen, Bühnenstücken und Vertonungen wie eine Oper von Günter Bialas von 1963 und ein Schülermusical von Uli Führe von 2014. Es gibt mehrere Märchenfilme, angefangen von einem nicht mehr erhaltenen Zeichentrickfilm aus dem Jahr 1920 über einen Puppentrickfilm der DEFA von 1957 bis zum Spielfilm aus der Reihe der ARD „Sechs auf einen Streich“ von 2011. Bereits 1986 drehte auch die DEFA einen weiteren Spielfilm unter der Regie von Wolfgang Hübner. 1987 erschien das Märchen in einer Animationsfassung in der japanischen Fernsehreihe „Gurimu Meisaku Gekijōu“.

1969 gab die Deutsche Post der DDR einen Bogen mit sechs Briefmarken zu der Geschichte heraus.

Reflexionen

Es gibt zu diesem Märchen eine Fülle an psychologischen und mystischen Deutungen. Die Beliebtheit des Märchens dürfte sich aber am meisten daraus ergeben, dass wir das Märchen als echte *Love-Story* wahrnehmen. Es erzählt gradlinig und klar umgrenzt die Liebesgeschichte eines jungen Paares, in der sich unsere Erfahrungen mit der Liebe wiederfinden lassen und in eine schöne, hoffnungsgebende Form gebracht sind. Anders als in vielen Märchen besteht das Paar schon zu Beginn des Märchens und es ist sehr deutlich eine spätere Phase bzw. eine andere Thematik ins Zentrum gerückt.

Das Seelische versteht die Metaphern des Märchens unmittelbar: In der Verliebtheit ist der/die Andere schöner als alle anderen. Je länger man sich kennt, desto näher kommt man dem, was man bei den älteren Paaren kennt (den alten Mauern). Und plötzlich, als habe man sich nur einmal kurz umgedreht, scheint der/die Liebste wie von einem bösen Zauber verwandelt und man selbst in seinen Gefühlen erstarrt. Man erkennt den anderen nicht wieder, die Beziehung hat keine Beweglichkeit mehr, sondern man fühlt sich in ihr gefangen wie in einem zu engen Käfig. Es passt, dass die Namen der beiden einander zum Verwechseln ähnlich sind, denn die Erfahrungen sind nicht an die Rollenverteilung der beiden Geschlechter gebunden: Beide Geschlechter erleben beides und das ist in der gleichgeschlechtlichen Liebe auch nicht anders. Das Vöglein mit dem roten (Hochzeits-)Ring als Zeichen der Liebe, der die Verbundenheit symbolisieren sollte, singt: „Leide, Leide, Leide“. Es singt dem Täublein, der gurrenden Verliebtheit den Tod und befürchtet zugleich, dass das nun für immer so bleiben wird. Das liebend gegebene Versprechen „bis der Tod uns scheide“ wird zum Schreckgespenst. Das Helle der jungen Liebe strahlt nicht länger durch das Dunkel der Welt. Die Sonne der Liebe geht unter und das, was nun kommt, ist so hässlich wie die hier beschriebene alte Frau und trägt die schönen Gefühle fort. „Du bist nicht mehr der/dieselbe“, sagt das Gefühl. „Du bist nicht mehr das Schöne, in das ich mich verliebt habe.“

Die böse Zauberin in unser aller Leben sagt: „Vergiss sie, diese Art der Gefühle“. Das, wofür die beiden im Märchen stehen aber setzt dem ein „Nie, nie, nie, werde ich sie vergessen. Nie und nimmer“ entgegen. Innerlich getrennt, getrennt von den eigenen Gefühlen, widmet man sich lange Zeit anderen Dingen. Auch dies kennt jede/r: das Sich-Entfernen (vom anderen und von sich selbst), die Fremdheit dieser neuen Gefühle der ersten Ent-Täuschung. Im Märchen ist in wenigen Worten zugleich das Gegenstück geschildert: das Sich-Erinnern und das Bewahren (das Hüten). Dadurch bleibt man empfänglich für die Botschaften der Träume, die hier die zweite Verwandlung einläuten, den Gegenpol zum bösen Zauber der ersten Enttäuschung wachsen lassen und stark machen. Dass der Traum am neunten Tag in der Früh kommt, lässt an die neun Monate einer Schwangerschaft denken oder daran, dass die Neun, drei mal drei, als Zahl der Vollendung gilt.

Diese zweite Verwandlung, durch die sich die Liebenden wiederfinden, bedarf einer besonderen Zusammenstellung, wie sie im Bild der blutroten Blume gefasst ist, der (leidenschaftlichen) Liebe und der Fähigkeit die „Perle“ in ihrer Mitte zu sehen, zu empfinden. In der ersten Fassung im Traum können wir durch das Wort „Perle“ den Kern, das Wesen, das Besondere im Anderen bzw. in der Beziehung assoziieren. Dass es am Tag dann ein Tautropfen ist, lässt an die Zartheit dieser Empfindung denken, die sich leicht auflösen kann und die man sich innerlich als Erinnerung bewahren muss, damit die „Erlösung“ von Dauer ist. Oder man kann assoziieren, dass „Erlösung“ eben nicht von Dauer ist, wie der Tautropfen, aber jeden Morgen aufs Neue entdeckt werden kann. Das sind die Zauberkräfte, die uns allen zur Verfügung stehen. Und mit dem, was man in diesem Verwandlungsprozess für die eine Beziehung entwickelt, verändern sich viele (siebentausend) andere Situationen und Beziehungen, in denen man diese Fähigkeiten braucht.

Verwendung und Gestaltung

Das Märchen ist in allen hier angesprochenen Arbeitsbereichen gut verwendbar, denn wie auch die allgemeine Rezeption zeigt, passt es sich im Verständnis leicht an die verschiedenen Bedürfnisse an.

Kann es in der Arbeit mit jüngeren Erwachsenen, etwa auch in der interkulturellen Arbeit oder mit Menschen mit Behinderungen, aktuelle Lebenserfahrungen und -situationen widerspiegeln und aufgreifen, so wird es in der Arbeit mit alten Menschen auf jeden Fall auch die Erinnerung wecken an eine Erzählung, die man von früher kennt.

Für die Märchenstunde kann als sinnliches Symbol für die Mitte oder zum Herumreichen eine rote Rose dienen, die fast jede/r mit der romantischen Liebe verbindet.

Musikempfehlung

Will man die Märchenlesung mit einer Musik einleiten oder beenden, eignet sich natürlich Musik, die allgemein mit Liebesgefühlen in Verbindung gebracht wird. Vor dem Märchen sollte man Instrumentalmusik wählen, nachher könnte auch ein Lied gespielt oder natürlich auch selbst gesungen werden. Im Folgenden nur ein paar bekannte Beispiele aus verschiedenen Stilrichtungen.

Instrumental

- Ludwig van Beethoven: Romanze für Violine und Orchester Nr. 2 in F-Dur, op. 50
- Franz Schubert: Ständchen D957 (Instrumentalfassung: Klavier oder Klavier und Violine)
- Frederic Chopin: Nocturne op. 9 No. 2

Gesangsstücke:

- Ludwig van Beethoven: Ich liebe dich, so wie du mich
- Franz Schubert: Ständchen Gesang und Klavier: Leise flehen meine Lieder.
- Wolfgang Amadeus Mozart: Der Vogelfänger bin ich ja aus der Zauberflöte
- Andrea Bocelli: Con Te Partirò
- Reinhard Mey: Wie vor Jahr und Tag
- Elton John: Can You Feel the Love Tonight (langsamer Walzer)
- Marc Cohn: True Companion

Kleine Auswahl Volksliebeslieder zum selbst singen:[51]

- Kommt ein Vogel geflogen
- Du liegst mir am Herzen
- Jetzt gang I an's Brünnele
- Dat du min Leevsten büst
- Es flog ein klein's Waldvögelein

5.15 Der kleine Häwelmann

Quellen und Verbreitung

Der kleine Häwelmann ist ein Märchen von Theodor Storm, das er im Jahr 1849 für seinen Sohn Hans schrieb. Bekannt wurde es durch die Veröffentlichung als Bilderbuch mit Bildern der Kinderbuchillustratorin Else Wenz-Viëtor (Storm/Wenz, 1926). Das Bilderbuch erwies sich als „Long-Seller": Zum einen wurde die erste Fassung mit den Illustrationen von Wenz bis heute immer wieder neu aufgelegt, zum anderen gibt es zahlreiche weitere illustrierte Kinderbücher anderer Verlage mit anderen Illustrator*innen, die ebenfalls oft mehrfach aufgelegt wurden und weiterhin erscheinen. Daneben gibt es einige Übersetzungen in andere Sprachen. Es gibt Hörbücher und die DEVA zeigte das Märchen 1956 als animierten Trickfilm.[52]

Reflexionen

Was macht das Märchen so beliebt und so haltbar? Man kann das Märchen aus der Perspektive eines Erwachsenen hören, für den dieses *Mehr und Mehr* des Kindes bisweilen anstrengend und nervig ist. Das aber kann es nicht sein, warum Kinder dieses Märchen so gerne hören und die meisten Menschen sich gerne an diese Geschichte und ihre Bilder erinnern.

Für den kleinen Häwelmann ist das Leben zu aufregend und zu neu, um zu schlafen. Es sind zum einen die Neugier auf die Welt, Abenteuerlust und das Verlangen nach *Mehr an Leben*, die den Zauber dieses Märchens ausmachen. Zum anderen verbindet sich die Freude am eigenen Können mit dem Wunsch danach, dass gesehen und anerkannt wird, was wir (schon alles) können.

---

51 Verwiesen sein an dieser Stelle auf die Veröffentlichungen von Text und Noten beim Liedarchiv https://www.lieder-archiv.de/. Es gibt auch eine thematische Sortierung und einen kleineren Teil der Lieder in einer Karaoke-Fassung.

52 Bei Youtube https://www.youtube.com/watch?v=LGJLjkbXBFU

Es gibt im Seelischen eine *Tendenz zur Ausbreitung*, die uns Zeit unseres Lebens nicht verlässt. Und auch der *Wunsch nach Anerkennung*, nach Gesehen-Werden ist nicht nur etwas Kindliches und schon gar nichts Pathologisches. Der Psychoanalytiker Heinz Kohut, der den Narzissmus näher untersucht hat, beschreibt, wie wichtig die Verinnerlichung anerkennender Selbstobjekte für unsere Entwicklung ist und dass wir zugleich lebenslang auf die Anerkennung anderer angewiesen sind (Kohut, 1979). Die Notwendigkeit dieser lebenslangen Zufuhr ist vergleichbar mit der Tatsache, dass wir lebenslang Wasser und Nahrung benötigen. Daran wird deutlich, dass es sich nicht um eine pathologische Abhängigkeit handelt, sondern um ein menschliches Grundbedürfnis, welches für die Konstitution von Gesellschaften durchaus förderlich sein kann.

Nicht immer kann der Tag unsere Wünsche nach Mehr an Leben und nach Anerkennung genügend erfüllen. Deshalb ist es gut, dass wir den Traum haben, der uns dafür eine andere Ausrüstung zur Verfügung stellt: Da können wir aus einem eigenen Bein einen Mast machen, aus dem Hemd ein Segel. Und wir können uns selbst den nötigen Schub geben, um uns davonzubewegen, kopfüber und kopfunter, und die schönsten Abenteuer erleben. Da passen wir durchs Schlüsselloch und können uns mit dem goldenen Hahn auf dem Glockenturm, den Tieren im Wald und den Sternen unterhalten.

Sehr kleine Kinder haben nicht die Vorstellung, dass das, was sie träumen, von anderen nicht gesehen wird. Der Traum ist nicht in ihnen, sondern im Zimmer (Piaget, 1988, 90–117). Erst später gibt es diese vereinbarte Aufteilung von *innen* und *außen* und erst dann wird klar, dass andere unsere Heldentaten nicht sehen können. Daraus aufzuwachen ist wie ein Sturz ins kalte Wasser. Es passt, dass im Märchen dafür eine unfreundliche Sonne (der Tag, das Wachbewusstsein) verantwortlich ist, während der gute alte Mond die Nacht begleitet und ausleuchtet und bei (fast) allem mitmacht als Hüter des Schlafs und des Traumes. „Schwimmen lernen" steht für die Anforderungen des Tages, die uns kalt erwischen, wenn der Wecker klingelt und wir aus einem schönen Traum erwachen.

Die Symbolik des Märchens passt auf der anderen Seite auch zu Erfahrungen des sehr hohen Alters oder schwerer Krankheit. Wenn das Aufwachen aus den Träumen möglicherweise mit dem erneuten Einsetzen von Schmerzen verbunden ist, das Aufstehen und Sich-Anziehen, Gewaschen-Werden und In-den-Tag-Kommen eine große Anstrengung bedeutet, kann es ähnlich unangenehm sein wie von der Sonne ins Wasser geworfen zu werden. Wenn die selbstständige Fortbewegung nicht mehr möglich ist, der Alltag nicht mehr viel Anerkennung gibt, kann die Beweglichkeit des Seelischen im Traum eine Entlastung sein. Auch dass das Einschlafen schwer fällt, kann eine Erfahrung des hohen Alters sein oder an den Wunsch nach dem endgültigen Einschlafen denken lassen. In so manchen meditativen Fantasiereisen finden wir ähnliche Imaginationen, mit denen eine seelische Reise des Sich-Entfernens aus dem eigenen Bett, der Aufhebung der Schwerkraft, das Fortschweben auf einem Mondstrahl aus dem Raum, dem Haus, der Stadt bis zu den Sternen beschrieben wird.[53]

Verwendung und Gestaltung

Durch seine weite Verbreitung als Kinderbuch verbindet dieses Märchen in besonderem Maße Jung und Alt. Viele Menschen haben es als Kind vorgelesen bekommen, als Eltern wieder gelesen und dann noch einmal als Großeltern. Deshalb eignet es sich besonders für intergenerative Projekte.

Möchte man es in der Arbeit mit alten Menschen allein nutzen, so empfiehlt es sich vorher zu fragen, ob die Zuhörer*innen die Geschichte kennen, vielleicht sogar zu fragen, an was sie sich erinnern. Es ist sinnvoll, dieses Märchen unter dem Aspekt der Erinnerung an die Kindheit vorzulesen, dann kann es vielleicht die erwähnten Erfahrungen des hohen Alters ohne Kränkung mit einschließen.

Musikempfehlung

Angekündigt werden könnte eine Musik zum Träumen. Was als solche erlebt wird, ist natürlich sehr unterschiedlich und man sollte sich da durchaus auf das eigene Gefühl verlassen, denn es wird unterschiedlich sein, welche Musik sich hier eignet. Das können einzelne CDs aus den Sammlungen „Kuschelrock“, „Kuschelklassik“ oder „Kuscheljazz“ oder aus dem Genre des sogenannten „Klassik-Pop“ oder „Populäre Klassik“ sein. Aber auch Musik aus dem sogenannten „New Age“-Bereich kann sich eignen, wie etwa die Musik von Deuter oder anderen Komponisten.[54]

- Beispiel: Deuter: Koyasan – Reiki Sound Healing

---

53 Vgl. z.B. Bayer/Deuter: Fremder Planet/Der Pilger – Fantasiereisen 1/7. DeHypno-Verlag o.J. ISBN: 9783935905374.

54 Einen Überblick bekommt man am leichtesten über https://www.newearthrecords.com/artists/music-by-deuter/. Dort gibt es auch einige kostenfreie Streamings.

5.16 Der Wassermann

Quellen und Verbreitung

Das Märchen findet sich in der Sammlung *Jugoslawische Märchen*, herausgegeben von Lieselotte Remané im Altberliner Verlag (1970) als Nr. 55 in der Gruppe der *legendenartigen Märchen*. Es gehört zu den nur wenig bekannten Märchen und taucht in anderen Sammlungen jugoslawischer Märchen nicht auf. Veröffentlicht ist es auch auf der Internetplattform Hekaya.

Bei der Vereinfachung wurde im ersten Zimmer die Bezeichnung „Kristall“ durch „Edelsteine“ ersetzt. Kristall ist in dem Märchen aller Wahrscheinlichkeit nicht in seiner allgemeinen chemischen Bedeutung gemeint (Zucker, Salz, Eis), sondern als Kristallglas. Dieses dürfte in seiner Kostbarkeit, insbesondere Kindern, nicht mehr ausreichend bekannt sein, während sie das Wort Edelsteine meist kennen und damit etwas Kostbares verbinden.

Reflexionen

Die Geschichte handelt in einfacher Form davon, dass die Beziehungen zu Mutter und Vater, zu den Geschwistern und dem eigenen Zuhause wertvoller sind als alle materiellen Güter. Edelsteine, Silber, Gold und Perlen, alles was glänzt und glitzert und von großem Wert ist, verführen den kleinen Jungen immer nur kurz, dann kommt die Erinnerung an Vater und Mutter, Bruder und Schwester und er fängt an zu weinen, auch die vielen Spielsachen kommen dagegen nicht an. Die Gestalt des Wassermannes ist, obwohl reich und einsam, kein wirklicher Gegenpol, denn auch er berührt durch sein Bedürfnis nach einem Gefährten, nach Beziehung und durch seine Zuwendung, sein Mitschwingen mit der Freude und Traurigkeit des Jungen und seiner Behutsamkeit im Umgang mit ihm.

Wassermänner und Wassergeister als mythische Gestalten kommen in Märchen, Legenden und Mythen in sehr unterschiedlichen Konnotationen vor: verführerisch, böse, verschlingend oder auch nur launisch und wechselhaft, manchmal aber auch hilfreich, musikalisch und mit magischen Kräften versehen. Der hier geschilderte Wassermann ist sehr menschlich und wer sich in ihn einfühlt, was das Märchen nahelegt, wird traurig darüber, dass er allein zurückgelassen wird. Das wird aber aufgehoben darin, dass in der Familie am Schluss beides vorhanden ist, Beziehung und

Reichtum. Durch das In-Ehren-Halten und die Wahrung der Erinnerung an den Wassermann und seine gute Tat erscheint dieser einbezogen in dieses Glück wie ein verstorbenes Familienmitglied.

Verwendung und Gestaltung

Das Märchen eignet sich in seiner einfach zu verstehenden Symbolik für die verschiedenen hier angesprochenen Bereiche. Es kann das Gefühl für die Bedeutung von Beziehungen stärken und Gespräche darüber anregen. Es ist im Grunde sehr „gefällig" und bietet dadurch eine gute Gelegenheit, einen noch unbekannten Märchenstoff vorzulesen, ohne die Zuhörenden zu überfordern.

In der Arbeit mit Kindern ist eine szenische Umsetzung möglich. Dabei ist zu berücksichtigen, dass die spielbaren Szenen bis auf die Schlussszene jeweils nur mit zwei Kindern gespielt werden können. Das muss in die Dynamik der Gruppe passen und es sollte nicht auf die Einbindung der anderen Kinder verzichtet werden.

Um alle Kinder einzubinden, lassen sie sich z. B. so aufteilen, dass sie auf die drei Zimmer verteilt werden und für eine Verklanglichung von Edelsteinen, Silber und Gold zuständig sind. Dazu können die Kinder zuvor nach ihrer Einschätzung Musikinstrumente auswählen, die ihnen passend für die drei Zimmer erscheinen. Die Instrumente und Kinder werden auf die drei Zimmer verteilt und spielen dann, wenn der Wassermann und der Junge zu ihnen kommen. Das musikalische Spiel selbst ist ganz frei improvisiert. Den Rahmen geben die gewählten Instrumente. Es kann z. B. jeweils vor dem Dialog der beiden Hauptdarsteller stattfinden, etwa, wenn der Junge die Augen aufschlägt, oder auch sehr leise im Hintergrund den Dialog begleiten. Am Schluss verlassen die Kinder ihre musikalischen Rollen wieder, damit sich alle gemeinsam im Zuhause treffen und einander begrüßen und ihre Wiedervereinigung feiern.

Eine solche Spielform macht Sinn, wenn das Spiel in einer durchgängigen oder regelmäßig stattfindenden Kindergruppe mehrfach gespielt wird und die Rollen wechseln. Dann bietet das Märchen Raum dafür, dass Kinder abwechselnd eine der beiden *Hauptrollen* bekommen und zwar so, dass es ihren eigenen Wünschen und Fähigkeiten entspricht.[55]

55 Vgl. Tüpker, 2009, 36f.: „Abwechselnd im Mittelpunkt stehen."

Auch für die intergenerative Arbeit eignet sich das Märchen, welches für beide Seiten neu sein wird und ein Thema berührt, das sich um die Bindung in der Familie rankt.

5.17 Der Tempel der tausend Spiegel

Quellen und Verbreitung

Es handelt sich um ein Märchen, welches derzeit häufig erzählt wird und sich – in leicht unterschiedlichen Varianten – auf vielen Internetseiten findet. Auf deutschsprachigen Seiten ist angegeben, dass es sich um ein indisches Märchen handele. Auf englischsprachigen Seiten wird es meist als japanische Volkserzählung bezeichnet.

Es wird als Yoga-Märchen oder zur Einleitung meditativer Besinnung verwendet wie auch im Kontext von Therapie und Coaching. Seine tatsächliche Herkunft konnte nicht ermittelt werden.

Reflexionen

Das leicht verständliche Märchen erschließt sich den Zuhörenden unmittelbar. Man kann es auf die alltägliche Erfahrung beziehen, dass die gute Laune, die man an dem einen Tag mitbringt, ebenso auf andere überspringt wie die schlechte Stimmung an einem anderen Tag.

Es kann aber auch eine umfassendere Lebenserfahrung spiegeln und wirkt wie ein Gleichnis darüber, wie die Welt uns „in tausend Spiegeln" für das Resonanz gibt, was wir ihr entgegenbringen. Es kann die Erkenntnis wecken, dass es *unser* Blick ist, in dem uns die Welt erscheint, dass wir selbst es sind, die sich im Auge der anderen spiegeln. Es kann die Ermutigung enthalten, dass wir die Welt ändern können, indem wir sie anders anschauen.

Der Erzählung sinnverwandt ist das deutsche Sprichwort: „Wie man in den Wald ruft, so schallt es heraus". Das aber klingt für viele Menschen eher wie ein Vorwurf und kann die Vorstellung wecken, man sei auch noch selbst schuld, wenn andere einem unfreundlich begegnen. Das deutet darauf hin, dass die Sichtweise, die dieses Märchen erzählt, auch zur Ideologie werden kann. Die Erzählung blendet aus, dass Menschen (und Hunde) eine Vergangenheit haben und einmal Kinder (Welpen) waren. Kinder sind in einer anderen Form abhängig von ihrer Umgebung und vor allem von der Atmosphäre in der Familie. Bezogen auf das Märchen können wir uns fragen, warum der erste Hund Angst bekommt und aggressiv wird und der zweite ein glücklicher Hund ist und in den anderen sogleich Spielkameraden sieht.

Interessant ist auch, dass es im deutschen Internet meist in der Version zweier Hunde erzählt wird, von denen der eine *spielfreudig und freundlich* ist, der andere *ängstlich und aggressiv*, während es in den englischen Fassungen eine *glücklicher* und ein *trauriger* kleiner Hund sind, die sich in den Spiegeln begegnen.

In den englischsprachigen Fassungen, in denen die Spiegel in einem Haus in einem fernen Dorf stehen, endet das Märchen meist mit dem Satz, dass alle Gesichter in der Welt Spiegel seien und wir beobachten können, was wir in den Gesichtern derer sehen, denen wir begegnen.

Verwendung und Gestaltung

Auch Menschen in höherem Alter, vor allem demente Menschen, sind wieder sehr abhängig von der Atmosphäre in ihrer Umgebung (vgl. Sonntag, 2016). Ich habe daher sehr gezögert, ob ich dieses Märchen hier aufnehmen möchte, weil es makaber sein könnte, in Menschen, die sich in einer geschwächten und abhängigen Verfassung befinden, das Gefühl aufkommen zu lassen, z. B. an der Unfreundlichkeit ihrer Umgebung auch noch selbst schuld zu sein.

Dennoch spricht das sehr einfach zu verstehende Märchen viele Menschen an und kann die inneren Kräfte stärken und ermutigen. Viele Menschen sind stolz darauf, was sie durch Humor, Freundlichkeit und Frohsinn immer wieder hinbekommen (haben). Davon erzählen die meisten Menschen gern. Dazu kann das Märchen anregen und durch die Wiedererinnerung in der eigenen Erzählung, die sich an das kurze Märchen anschließen kann, ebendiese Kräfte und Fähigkeiten stärken. Im Alltag sind Freundlichkeit, Humor, Höflichkeit oder Mitgefühl etwas, was auch alten Menschen zur Verfügung stehen kann. Damit können sie aktiv ihre Umgebung mitgestalten, während vielleicht viele andere Fähigkeiten weniger werden.

Auch sind Hunde ein Thema, über das viele Menschen gerne sprechen. Auch dazu regt das Märchen an und kann so in Gruppen zu einer entspannenden Atmosphäre beitragen. Oft aufkommende Erzählungen von Hunden, die erst böse oder ängstlich waren und später dann freundlich und mutiger wurden, können – ohne dass dies explizit thematisiert wird – dazu beitragen, den eigenen Freiraum im Verhältnis zu anderen (wieder) zu entdecken. Sie können hinzufügen, dass Veränderungen, anders als im Märchen, durchaus möglich sind.

Mit dem entsprechenden Bewusstsein, das auch in den Reflexionen erwähnte *Fallstricke* des Märchens einbezieht, ist es daher in allen hier benannten Bereich gut verwendbar und kann, dort wo dies verbal möglich ist, zu einem Erfahrungsaustausch anregen.

In Kindergruppen kann das Märchen als Anregung zu einem pantomimischen oder musikalischen Spiel genutzt werden, welches immer wieder einmal gespielt werden kann, wenn es bei den Kindern auf Resonanz stößt (vgl. Tüpker, 2009, 23f.). Es fördert die Wahrnehmung füreinander, die Fähigkeiten aufeinander zu hören, Resonanz zu geben und macht erlebbar, wie es ist, Resonanz zu bekommen und abwechselnd im Mittelpunkt zu stehen (ebd. 36), auch Ausdrucksbildung und Nachahmung werden gefördert (ebd. 39 und 49).

Pantomimisches Spiel

Ein Kind darf der Hund sein, der in den Tempel kommt, die anderen sind die Spiegel. Das Hundekind macht ein Gesicht, eine Geste, nimmt eine bestimmte Haltung ein. Die anderen machen dies möglichst genau nach. Wenn das Hundekind zufrieden ist, klatscht es und läuft zurück zu den anderen. Dann darf ein anderes Kind das Hundekind sein.

Musikalisches Spiel

Alle Kinder haben einfache rhythmische Instrumente. Am Platz für das Hundekind steht ein besonders attraktives Instrument, etwa eine Conga oder eine Standtrommel. Das Hundekind kommt an diesen Platz und gibt einen Rhythmus vor. Die anderen stimmen in den Rhythmus ein. Wieder ist die Runde zu Ende, wenn das Hundekind zufrieden ist und zurück in die Gruppe läuft oder ein anderes Kind zur Rollenübernahme bestimmt. In weiteren Runden, kann das jeweilige Hundekind auch etwas länger und vielfältiger spielen und die anderen müssen versuchen, möglichst genau mitzumachen.

5.18 Das Töpfchen

Quelle und Verbreitung

Das türkische Märchen findet sich in dem Band *Türkische Volksmärchen* von Pertev Naili Boratav (Boratav, 1968, 147–149). Es wurde dem Sammler im Januar 1962 von seiner damals 75-jährigen Mutter Sídíka Boratev erzählt und für die Aufzeichnung diktiert. Die Übersetzung ins Deutsche stammt von Doris Schultz und György Hazai.

Im deutschen Sprachraum zählt es zu den wenigen bekannteren türkischen Märchen und ist auch in den Online-Plattformen „Hekaya" und im österreichischen „Sagen.at" zu finden.

Reflexionen

Die folgenden Reflexionen beruhen auf einer tiefenpsychologischen Analyse der deutschsprachigen Fassung des Märchens (zur Methodik vgl. Tüpker, 2011, 27–32). Mitbewegt werden sollte die Frage, wie das Märchen im deutschsprachigen Kontext aufgenommen wird und ob es sich für den Kontext dieses Buches eignet. Ein Vergleich der Rezeption von türkischen und deutschen oder anderen nichttürkischen Zuhörer*innen wäre ein lohnendes kleines Projekt, welches hier aber nicht durchgeführt werden konnte. Wenn man das Märchen in der interkulturellen Arbeit nutzt, wäre es spannend zu erkunden, ob sich das Erleben und die Auffassung des Märchens unterscheiden.

Das Märchen wird von deutschen Zuhörer*innen nicht als fremd empfunden, nur an ein paar Begriffen werde deutlich, dass es aus dem Orient komme. Es wird einerseits als heiter erlebt, löst freundliches Lachen aus und eröffnet auf den zweiten Blick tiefere Einblicke in eine Entwicklung, die im Grunde recht typisch für Zaubermärchen ist. Erst gibt es eine Situation des Mangels, eine Krise, magisch-zauberhafte Geschehnisse und am Ende wird mit der Heirat eine Entwicklung vom Kindesalter zum Erwachsenenalter abgeschlossen. An bekannte deutsche Märchen, etwa Aschenputtel, erinnert auch, dass es ein armes Mädchen ist, welches am Schluss des Märchens den reichen Prinzen heiratet. Damit sei aber weniger etwas Äußerliches gemeint als vielmehr eine innere Entwicklung vom noch Unausgereiften, Bedürftigen zur Reife im Sinne der Selbstwerdung. Auch das Schöne im Anderen sei nicht die äußere Schönheit, nicht das

Geschmeide, sondern das Erkennen des Wesens des Anderen und seiner Gleichwertigkeit.

Entlang der Einfälle und ihres Austausches im weiteren Gespräch lassen sich folgende Grundzüge zusammenfassen: Die Anfangssituation zeige eine Situation, in der Mutter und Tochter nur zu zweit leben. Das Garn wird mit dem „Lebensfaden" assoziiert, der gesponnen wird. Aus ihm werde im Tausch die Lebensgrundlage in Form des Brotes, das die Tochter normalerweise dafür kauft. Das sei psychologisch die Armut, in der sie leben. Es fehle das Dritte und deshalb ginge das immer so weiter. Es sei genug und doch nicht genug. Eine symbiotische Situation, der etwas fehle, die aber auch sicher sei.

Erst der „Ungehorsam" bringe eine Entwicklung in Gang, die „Verlockung" in Gestalt des schönen Topfes, den das Mädchen auf dem Markt sieht und gegen das lebensnotwendige Brot tauscht. In einem „schicksalhaften Kauf" werde Geld für ein „hübsches Ding" verwendet statt für das Lebensnotwendige: „Die Mutter tobt. Der Magen bleibt leer. Der Topf, das hübsche Ding, landet vor der Tür."

Der Ungehorsam der Tochter, die Entdeckung eines „Objekts aus der Welt", vom Markt der Möglichkeiten, außerhalb der nährenden Zweisamkeit, die Wut der Mutter und der Rauswurf des Topfes zurück in die äußere Welt (auf die Straße) machten zusammen aus dem Topf ein „wundersames Ding", einen Topf mit zauberhaften Eigenschaften. Das erinnere an den an die Wand geworfenen Frosch, aus dem ein Prinz wird und bringe auch hier die entscheidende Wende. Der Zaubertopf werde zum „vorausschauenden Handelnden", „Regisseur oder Drehbuchautor, der Schicksals spielt und alles weise einfädelt". Er wird auch als Teil des Mädchens interpretiert: „Was zu einem gehört, kann man nicht verlieren, es kehrt immer wieder zu einem zurück." Er bringe dem Mädchen, was für es bestimmt sei. Er wird deshalb als das leitende Schicksal des Mädchens verstanden, das sich im Märchen erfüllt.[56]

Als bedeutsam wird auch das Motiv des Wunsches und der Wunscherfüllung erlebt. Wünschen sei wichtig, damit das Ganze in Gang komme. Im Verlauf werde erkennbar, dass es nicht um die orale Wunscherfüllung gehe: Von der Leere im Magen, über den kleinen Prinzen gehe es bis zur

56 Die Interpretation des Märchens als Motiv des „stehlenden Topfes" gemäß der Zuordnung des Märchens zu ATU 591, wie u. a. bei Boratav angegeben, kommt in den Einfällen der Zuhörer*innen überhaupt nicht vor.

Hochzeit. Erst dann hat das Märchen sein Ziel erreicht. Zuvor sei schon mit der Hebamme die Generativität angedeutet, die letztlich das Ziel sei.

Verwendung und Gestaltung

In der Altenarbeit bietet dieses Märchen eine schöne Möglichkeit, etwas aus einem fremden Land zu erzählen und auch so anzukündigen, ohne dass es zu einer Überforderung kommt. Das Märchen ist einfach, auch durch die sich wiederholenden Dialoge, humorvoll und ein wenig geheimnisvoll. Sollten türkischen Bewohner*innen in der Gruppe sein oder auch solche aus arabischen Ländern, kann das Märchen eine Verbindung schaffen und vielleicht zu Gesprächen anregen.

So eignet sich das Märchen besonders auch für interkulturelle Arbeitsfelder mit unterschiedlichen Altersgruppen. Es kann durch seine Seltsamkeiten wie dem Topf, der läuft, dem kleinen Prinzen, der in einen Topf passt etc. ebenso zu Gesprächen anregen wie über die realen Anteile wie dem Hamam, dem türkischen Bad und seiner kulturellen Bedeutung, den Unterschieden zum westlichen Schwimmbad etc.

Das Szenische des Märchens lädt in der Arbeit mit Kindern zu einer szenischen Umsetzung ein.

Soll das Märchen durch eine passende Musik eingeleitet oder abgeschlossen werden, so muss ein geeignetes Musikstück gesucht werden, das zum Arbeitsfeld passt. Türkische Musik ist sehr vielgestaltig und reicht von der traditionellen klassischen Musik über Volksmusik bis hin zur modernen Genremusik, in der Schlagermusik ebenso vertreten ist wie Rock, Punk und Hip Hop. Deshalb ist hier eine generelle Empfehlung eher schwierig.

5.19 Das Laute spielende Eselein

Quellen und Verbreitung

Das Märchen taucht in verschiedenen Fassungen schon in mittelalterlichen Quellen auf und ist uns durch die Brüder Grimm unter dem Titel *Das Eselein* (KHM 144) überliefert. Es gilt als das älteste Märchen Europas und man vermutet, dass es auf noch ältere indische Quellen zurückgeht (vgl. Scherf, 1995, Bd. 1, 283f.). Die Erzählung wird dem Motiv ATU 430 zugeordnet und geht auf eine lateinische Versfassung mit dem Titel *Asinarius* zurück, von der es acht Handschriften in verschiedenen Städten von München bis Leningrad gibt.

Es gibt zahlreiche bildliche Darstellungen eines Esels, der ein Instrument spielt. Dabei findet sich anstelle der Laute manchmal auch eine Leier oder ein Dudelsack. Solche Darstellungen finden sich an mittelalterlichen Chorgestühlen wie auch im Orient und dem antiken Griechenland.

Auch zahlreiche Sprichworte verweisen auf die frühere Bekanntheit des Motivs eines Esels, der ein Instrument spielt.

- Was tut der Esel mit den Sackpfeifen?
- Der Esel soll nicht Lauten schlagen, er soll die Säcke zur Mühle tragen.
- Der Esel möge Spreu fressen, aber die Laute in Ruhe lassen.
- Welcher Esel nicht kann Lauten (Pauken) schlagen, muss die Säck' zur Mühle tragen.
- Der Esel muss sich nicht um die Laute, noch der Blinde um den Spiegel bewerben.

Reflexionen

Das Märchen wurde einer ausführlichen tiefenpsychologischen Analyse unterzogen, die auf den systematisch erhobenen Einfällen von Hörer*innen und Leser*innen des Märchens beruht (vgl. Tüpker, 2011, 27–32). Einige Grundzüge sollen hier zusammenfassend dargestellt werden.[57]

Es lassen sich zwei unterschiedliche Versionen unterscheiden. In der einen erscheint das Märchen als *Geschichte eines behinderten Kindes*, in der anderen allgemeiner als eine *Erzählung von Identitätsfindung und Selbstwerdung*.

Geschichte eines behinderten Kindes

Eltern wünschen sich sehnlichst ein Kind, das einzige, was man nicht für Geld kaufen kann. Es wäre ein Makel als Paar unfruchtbar zu sein. Aber dann stellt sich heraus, dass das Kind nicht dem Erwünschten entspricht, es ist nicht so helle, sondern „stur wie ein Esel“, aus dem Wunschkind wird ein unerwünschtes Kind. Von den Hörer*innen der Untersuchung haben viele berufliche Erfahrung im Umgang mit behinderten Kindern

57 Die ausführliche Analyse sowie weitere Interpretationen finden sich bei Tüpker, 2011, S. 76–96.

und ihren Eltern und erkennen in den Reaktionen des Königs und der Königin vieles von dem wieder, was Eltern nach der Diagnosestellung erleben, wenn sie erfahren, dass ihr Kind behindert ist (vgl. Paul, 2020). Hier sei die Ambivalenz aufgeteilt auf König und Königin. So gesehen handele das Märchen von dem Kampf um den seelischen Spielraum, der trotz aller Einschränkungen hier über die Musik gefunden werde bzw. mit der Musik symbolisiert sei. Dazu tragen verschiedene Figuren im Märchen bei, so wie es auch in der realen Welt immer mehrerer Menschen und günstiger Umstände bedürfe, die gut zusammenwirken müssen, damit trotz einer Behinderung eine Integration gelingen könne.

Vieles im Märchen lässt sich auf diese Interpretationsversion beziehen: das Erschrecken über die Andersartigkeit, der Vernichtungswunsch und die Annahme, die Einschränkungen, durch die manches unmöglich erscheint und die enorme Anstrengung, die aufgebracht werden muss, um etwas zu lernen, was anderen vorbehalten zu sein scheint. Der Blick in den Brunnen wird als der Moment gesehen, in dem ein Kind seine Behinderung selbst realisiere, was in der Realität oft erst durch die Reaktion der anderen entstehe. Das Sich-Benehmen-Können am Tisch sei häufig eine Frage, die Eltern bewege, wenn sie mit dem behinderten Kind in ein Restaurant gehen oder auch bei familiären Feiern. Dann gehe es um die Frage, ob die Familie oder die Gesellschaft dieses Kind integrieren kann oder nicht. Wenn es gut gehe, gebe es die Chance, dass durch die Behinderung hindurch der Mensch gesehen würde. Das verändere alles. Dann sei die „Eselshaut" nicht mehr nötig.

Erzählung von Identitätsfindung und Selbstwerdung

Die Gewinnung des Spielraums, das Mensch-Werden, die Integration seien zugleich Themen jeder Identitätsentwicklung. In jedem gäbe es Hinderungsgründe für die Selbstwerdung, die es mit großer Anstrengung zu überwinden gelte. Oft sei es auch behindernd, den übergroßen Wünschen und Erwartungen der Eltern entsprechen zu müssen. Denen gegenüber erschiene man dann wie ein Esel oder man lerne sich durch Eseleien zu verbergen oder zu schützen. Mit dem eigenen Wunsch nach der Musik, dem Lautespielen-Wollen werde der Bestimmung durch die Eltern etwas entgegengesetzt und aus eigener Kraft weiterentwickelt. Dadurch entstünde etwas Neues. Dazu muss sich das Eselein auch vom Reich der Eltern trennen, so wie junge Menschen das Elternhaus verlassen müssten, um sie selbst zu werden. Auch in dieser Version erscheint der Blick in den

Brunnen als bedeutsame Wende, als Moment der Selbsterkenntnis und des Aufbruchs.

Das Eselein und der Jüngling werden in dieser Version, das Märchen zu hören, als eine Außen-Innen-Figuration verstanden: *Im* Esel stecke – unerkannt – schon immer der Jüngling, der Prinz, der begnadete Lautenspieler. Mit der Musik bringe er dieses Innere nach außen, sie habe eine Brückenfunktion. Sie wirke auf andere, man könne sich ihr nicht verschließen. Mit ihr erreiche man das Herz der Menschen, werde von ihnen angenommen und könne sich dann selbst annehmen. Dann brauche man den Schutz der Eselshaut nicht mehr. Als sehr bedeutsam und sympathisch wird die Ablehnung des angebotenen materiellen Reichtums gesehen. Dadurch würde deutlich, dass es im Märchen um andere Werte ginge. Zu Ende geführt werden könne die eigene Entwicklung nur durch die Liebe eines anderen, hier der Königstochter. Dafür lohne sich jede Mühe.

Das Abstreifen-Können der Eselshaut und ihr Verbrennen durch den König, der hier wie ein Therapeut wahrgenommen wird, lösen heftige Ambivalenz aus: *Ist der Jüngling vernichtet, wenn er sie nicht mehr hat? Oder war das nötig, damit er merkt, dass er sie nicht mehr braucht?* Das erinnert an psychotherapeutische Prozesse und die eigene Selbsterfahrung und wird bezogen auf die manchmal schwierige Klippe, wenn es darum gehe, eine Rolle abzulegen, die einen eine Zeitlang geschützt habe, die aber jetzt die weitere Entwicklung behindere.

In beiden Versionen habe die *Musik eine Schlüsselfunktion*. Sie sei der Weg zur Entwicklung eines eigenen Spielraums jenseits der Vorherbestimmung durch die Eltern oder des Schicksals. Sie sei der Schlüssel zu anderen und öffne im wörtlichen Sinne die Türen und im metaphorischen Sinne die Herzen der anderen. Sie bringe die verborgenen, wahren Seiten des eigenen Selbst zum Vorschein und die Liebe in die Beziehungen. Die Musik sei in diesem Märchen *die* Zauberformel.

Ähnlich wie in dem Märchen *Die Erschaffung der Geige* stehe sie für die gefühlhafte Beziehung zwischen Menschen. Zu Beginn gebe es nur einen wunschlosen Reichtum, dem aber das Glück der Nachkommenschaft fehle, später einen reichen Vater mit einer schönen Tochter als Besitz. Die Triangulierung fehle: Eine Mutter werde nicht erwähnt, so als sei dem Werden einer Tochter keine elterliche Liebe vorausgegangen. Diese Liebe komme erst mit der Musik ins Spiel.

Verwendung und Gestaltung

Das Märchen eignet sich in allen hier angesprochenen Bereichen. Es hat eine Vielschichtigkeit, Tiefe und Heiterkeit, die sehr unterschiedliche Ebenen berührt und gibt Resonanz für verschiedene Lebenslagen.

In der Arbeit mit Menschen mit Behinderungen kann die Gestalt des Eseleins die Empfindung des eignen (Behindert-)Seins im Blick der anderen ebenso reflektieren wie die Erfahrung des Nicht-Gewollt-Seins, was aber natürlich auch Menschen ohne Behinderung in sich tragen können. Für Kinder und Jugendliche kann es die jeweils spezifischen Fragen um das Finden des eigenen Lebensweges anstoßen und reflektieren. Mit den Bildern des Blicks in den Brunnen, dem Verfolgen von Leidenschaften gegen alle Widerstände und der Ambivalenz gegenüber den Häuten, die man angelegt hat, eignet es sich auch für die individuelle therapeutische Arbeit, wenn es um solche psychischen Konstellationen geht. In der Arbeit mit Geflüchteten oder Menschen, die sich im Zwiespalt der interkulturellen Identität befinden, kann es die Frage der Identität im neuen Land aufwerfen.

Will man etwas szenisch umsetzen, so empfiehlt es sich hier, nur einzelne Szenen auszuwählen.

Musikempfehlung

In der Altenarbeit kann das Märchen gut von Musik umrahmt werden. Dazu eignet sich z. B. *Lautenmusik* von *John Dowland*, die mit den hier kursiv gesetzten Stichworten leicht und preiswert zu finden ist, als Streaming, aber auch auf CD. Beispiel:

- Dowland: Complete Lute Works, Vol. 2, gespielt von Paul O'Dette

Des Weiteren können als Suchbegriffe *Lautenmusik Renaissance* eingegeben werden. Dann findet man auch Zusammenstellungen von Lautenmusik aus England, Italien, Deutschland und den Niederlanden. Beispiel:

- Konrad Ragossnig: Lautenmusik der Renaissance
- Konrad Ragossnig: Lautenmusik aus drei Jahrhunderten

5.20 Die weiße Taube

Quellen, Verbreitung

Die weiße Taube ist ein Märchen aus der Sammlung der Kinder- und Hausmärchen der Brüder Grimm. Laut einer Notiz von 1808 wurde es Wilhelm Grimm von Margarete Marianne Wild, seiner späteren Frau, erzählt. Es findet sich nur in der Erstauflage von 1812 zusammen mit den Märchen *Die Bienenkönigin*, *Die drei Federn* und *Die goldene Gans*. Sie sind an Stelle KHM 64a zusammengefasst als *Märchen von dem Dummling*. *Die weiße Taube* wurde von den Brüdern Grimms in die späteren Ausgaben nicht übernommen.

Das Motiv des Dummlings findet sich in sehr unterschiedlichen Ausformungen in vielen europäischen Märchen. Während die Geschichten sehr unterschiedlich sein können und oft sehr viel komplizierter sind als die hier nacherzählte, ist ihnen gemeinsam, dass der als Dummling bezeichnete Held des Märchens ein junger Mann ist, meist der Jüngste von drei Brüdern, der als dumm gilt, dem man nichts zutraut und der von den anderen nicht ernst genommen wird. Durch Mut, Ausdauer oder Freundlichkeit aber gelingt ihm, woran die älteren Brüder scheitern und er gewinnt eine Königstochter zur Frau und das halbe oder ganzes Reich dazu.

Reflexionen

Psychologisch lässt sich die Beliebtheit der Märchen vom Dummling zunächst damit erklären, dass gerade derjenige, dem man nichts zutraut, in märchentypischer Form am Ende das Glück gewinnt. In der Geschwisterfolge oder im Kindergarten erleben sich die Jüngsten oft als ein solcher Dummling. Das muss sich gar nicht (nur) auf kognitive Fähigkeiten beziehen, sondern die eigene Unterlegenheit wird mehr noch daran erlebt, dass die anderen schneller laufen, besser klettern oder länger die Luft anhalten können als man selbst. Oder sie können vielleicht schon lesen und man selbst noch nicht und nicht selten spielen sie diese Überlegenheit gegenüber den Jüngeren aus und *rächen* sich damit für das, was sie selbst kürzlich noch erlebt haben.

In einer ersten Version lässt sich das Märchen daher als hoffnungsvolle Botschaft an die jeweils Jüngsten verstehen. Da aber mehr oder weniger alle Menschen solche Erfahrungen in ihrer Kindheit gemacht haben, ruft das Märchen in fast jedem eine Spur der Erinnerung an dieses Gefühl wach. Und auch im weiteren Leben bleiben die wenigsten von dem Gefühl verschont, wie ein Dummling behandelt zu werden.

Wenn es gut geht in der Kindheit, gibt es den Trost der Erwachsenen und größeren Kinder und es entstehen wichtige Entwicklungsimpulse dafür, größer werden zu wollen. Aber es geht nicht immer gut und vor allem nicht durchgängig, so dass wir davon ausgehen können, dass jeder Mensch, wenn er dieses Märchen hört, seine Freude daran hat, dass der Dummling sich als derjenige erweist, der es schließlich am besten hinbekommt. Und die Varianten in den Märchen dieses Typus zeigen, dass das Was, welches es zu können gilt, eigentlich weniger wichtig ist als das Grundprinzip des Triumphes des Schwächsten. Dazu passt in dem hier ausgewählten Märchen, dass das ursprüngliche „Problem", nämlich der Diebstahl der Birnen, völlig in Vergessenheit gerät und gar nicht mehr erwähnt wird. Das zeigt, wie unwichtig es geworden ist.

In einer zweiten Version lässt sich die Zuschreibung der „Dummheit" als die Kehrseite dessen verstehen, was gerade angesagt ist. In Zeiten der Ausrichtung auf den finanziellen Erfolg mag der als dumm gelten, dem anderes wichtiger ist. Wer auf Geld oder berufliche Karriere verzichtet, weil er sich stattdessen *lieber* um die eigenen Kinder, die kranke Mutter oder den Zusammenhalt in der Nachbarschaft kümmert, mag in unseren Zeiten dieses Gefühl ebenso kennen wie derjenige, der sich beruflich nicht mit derselben Aggressivität durchzusetzen weiß, wie er es bei seinen Kolleg*innen erlebt. Auch für diese Konstellation können die Märchen von den Dummlingen stehen, denn die zeichnen sich regelmäßig durch das Fehlen von Ehrgeiz und Ambitionen aus.

Bezogen auf den gesellschaftlichen Kontext konstatierten Perrig und Mazenauer (2012): „Der Märchen-Dummling erweist sich als eine vielschichtige Figur, die sich je nach Herkunft, Charakter und sozialem Kontext als Träger von gesellschaftspolitischer Kritik oder als Objekt des Spotts besonders eignet. In seinen Erfolgen beziehungsweise Misserfolgen spiegeln sich immer auch die Bewegungskräfte innerhalb einer sich wandelnden Gesellschaft."

Die hier gewählte Fassung eines Dummlingmärchens ist im Unterschied zu anderen, bekannteren recht „unausgearbeitet", was vermutlich auch der Grund dafür war, warum die Brüder Grimm sie nicht in die weiteren Ausgaben übernahmen. Für die hier im Vordergrund stehenden Zielsetzungen schien sie mir aber besonders geeignet, weil gerade sie in ihrer Unbestimmtheit Raum für Eigenes lässt. Wie auch andere Märchen dieses Typs beginnt auch dieses mit einer Mangelsituation, einem Problem, welches gelöst werden muss. Gleich ist auch, dass erst die älteren, klügeren Brüder die Aufgabe lösen sollen, aber scheitern. Was der Dummling eigentlich anders macht, und warum er es anders machen kann, ist nicht ausgearbeitet. Auch sein Charakter oder besondere Eigenschaften, die ihn von den Brüdern unterscheiden, werden nicht genannt. Dieses Ungesagte lässt die Erzählung offen sein für eigene Erfahrungen und Fantasien. So ist es auch mit den weiteren Details: Obwohl es ein Märchen ist, ist man geneigt zu fragen, *wer ist denn nun dieses graue Männlein, worin war es gefangen und von was wurde es wodurch erlöst?* Ebenso bleibt unklar, warum die Taube dort eingesponnen wurde und von wem. Alles geschieht mit Sprüngen und unverhofft wie im Traum. Die Erzählung hat dadurch eine besondere Nähe zum Traumbewusstsein und ist dem Rationalen besonders fern. Dadurch lässt sie viel Platz und wer es nicht so genau nimmt, kommt – wie in einem guten Traum – schnell zur Wunscherfüllung. Der Dummling muss sich nicht groß anstrengen, alles geschieht unversehens, leicht und ohne weiteres. Die von Uhlich (2019) genannten Merkmale, die ein Märchen für die Verwendung mit Demenzkranken haben sollte, sind hier in besonderer Weise ausgeprägt. Das macht das Märchen aber zugleich für alle Menschen geeignet, denen es gut tut, nicht nachdenken zu müssen, sondern stattdessen viel Raum für eigene Fantasien und Gefühle zu haben. Die beiden Hauptbilder Birne und weiße Taube öffnen Assoziationsfelder, mit denen jeder etwas anfangen kann.

Das Bild der Birnen spricht den Geschmackssinn an, sie riechen und schmecken lecker und viele ältere Menschen erinnern sich gerne an die mit Zucker und etwas Zimt eingekochten Birnen, die ein beliebter Nachtisch waren.

Nachdem es in der frühen Nachkriegszeit darum ging, überhaupt genug zu essen zu haben, kam danach eine erste Zeit, in der bescheidene kulinarische Genüsse gepflegt wurden. Dazu passten der Nachtisch aus gekochten Birnen, die mit Preiselbeeren ausgefüllt oder mit ein wenig Schlagsahne garniert werden konnten und die beliebte „Birne Helene". Diese Birne Helene war eine Übernahme der *Poire belle Hélène,* einem Dessert der klassischen französischen Haute Cuisine. Mit ihr konnte man sich einem Land, gegen das man noch vor kurzem Krieg geführt hatte, nun quasi friedlich kulinarisch nähern und zeigen, dass man ihre Kultur zu schätzen weiß. Ein kleines leckeres Zeichen der Weltoffenheit in einer neuen Zeit, deren Komik Loriot in seinem Film „Pappa ante Portas" gleich mehrere Szenen widmete.[58] Auch an *Birnen, Bohnen, Speck* werden vielleicht einige ältere Menschen, vor allem aus dem Norden, denken.

Viele ältere Menschen werden vermutlich auch die Birnbaum-Ballade von Theodor Fontane assoziieren, die mit Friedhof, Tod und Sterben verbunden ist, zugleich aber auch mit dem, was in Gestalt des Birnbaums überlebt und noch in den nächsten Generationen Freude und Genuss spendet.

Weniger präsent ist vermutlich die Tatsache, dass in Bildern des 15. und 16. Jahrhunderts die Birne häufiger auf Marienbildern zu finden ist, wo sie als Zeichen der Unschuld und Reinheit verstanden wurde. Birnen sind als Früchte seit der Antike bekannt und erfreuten sich in Europa ab dem 17. Jahrhundert zunehmender Beliebtheit, was sich an der steten Zunahme der Sorten ablesen lässt.

Das Bild der weißen Taube lässt viele Assoziationen zu. Während Tauben durch die Erfahrung mit den als lästig empfundenen Stadttauben oft ambivalent besetzt sind, überwiegen in der Kombination mit der Farbe Weiß positive Empfindungen. Man denkt an die Friedenstaube, die durch die Zeichnung von Picasso von 1961 bekannt ist und die auf blauem Untergrund zum Symbol der Friedensbewegung seit den 1980er Jahren wurde. Als Hochzeitstauben sitzen zwei weiße Tauben auf vielen Torten oder werden lebendig als Pärchen aus einem Korb fliegen gelassen. Sie sollen dem Paar Liebe, Treue und Fruchtbarkeit bringen – wobei sowohl das Wissen Pate stand, dass Taubenpaare einander treu sind als auch die Assoziation zur Brieftaube, die getrennten Paaren Liebesbotschaften bringt.

Eine anderes, biblisches Assoziationsfeld rankt um die weiße Taube als dem „Geist, der über den Wassern schwebt" (1. Mose 1, 2), die mit dem grünen Ölzweig zurückkehrende weiße Taube als Zeichen des Wiederbewohnbarkeit der Erde nach der Katastrophe der Sintflut (1. Mose 8,11) und schließlich dem Heiligen Geist, der sich in Gestalt einer Taube offenbart.

So verwandelt sich die Empörung über den Diebstahl der Birnen schon ein wenig, als sich herausstellt, dass es eine weiße Taube ist, die die Birnen abpickt und fortträgt, in eine gewisse Neugier, was der Dummling finden wird, als er ihr folgt. Das Märchen wird nun zum klassischen Zauber- und Erlösungsmärchen, in dem zunächst das graue Männchen und dann die im Spinnweb gefangene Taube erlöst werden. Ungewöhnlich ist es, dass der Held des Märchens dazu kaum etwas tun muss, allein sein freundli-

58 Zusammenschnitt auf Youtube: https://www.youtube.com/watch?v=DCEsk-aRYBU. Abgerufen am 16. März 2020.

cher Gruß, dem Folgen des Rats des grauen Männchens und seine Anwesenheit bewirken den Zauber. Vielleicht lässt sich noch das Hinabsteigen als Hinweis auf das Abtauchen in seelische Sphären interpretieren, die dem Unbewussten und dem primärprozesshaften Denken zugeordnet sind und die aus den Verstrickungen und dem Gefangensein in der logischen Welt zu erlösen vermögen.

Vor dem Hintergrund der Psychologie C. G. Jungs lässt sich das Märchen folglich auch dahingehend interpretierten, dass es am Anfang eine Situation zeigt, in der es kein Wissen darüber gibt, wo die Früchte (unserer irdischen Erfahrungen) bleiben, wenn sie reif sind. Parallel dazu lässt sich die Situation der Taube im Felsen als Eingesponnen- und Verklebtsein im Materiellen, als Gefangenseins im weltlich Dunklen verstehen. Demgegenüber taucht das Erwachen des Geistigen sowohl im Motiv des Wachbleiben-Könnens auf als auch in der Gestalt der Taube und noch einmal in dem *erkennenden* Gruß gegenüber dem kleinen grauen Männchen.

Verwendung und Gestaltung

Dieses sehr einfache und archetypische Bilder anregende Märchen steht in einer Reihe mit den beiden Märchen *Hans im Glück* und *Das Märchen vom alten König*. Wie diese eignet es sich daher besonders für die Arbeit mit dementen Menschen und mit Menschen mit anderen Einschränkungen, wenn diese mit einer Offenheit gegenüber dem freien Schweben in traumnahen Welten einhergeht.

Es vorzulesen kann wie eine Anerkennung der anderen Logik dieser traumnahen Welten wirken, die jenseits des Alltags mit ihren festen Regeln zu Raum, Zeit und kausalen Zusammenhängen liegt. In der Beziehung kann es dem anderen signalisieren, dass der, der es vorliest, um diese anderen Erlebensräume und Bewusstseinsebenen weiß. Das kann der Beziehung guttun.

Berücksichtigen muss man, dass für Menschen mit einer beginnenden Demenz das Festhalten an Logik und die Verankerung im Alltagsbewusstsein wichtig sein können. Dann ist dieses Märchen vielleicht nicht geeignet, sondern könnte sogar Verärgerung auslösen. Geschieht dies in einer gemischten Gruppe, sollte man sich über solche Reaktionen nicht allzu sehr erschrecken, sondern die möglicherweise geäußerte „Kritik" freundlich und bestätigend annehmen.

Märchennachmittag mit dementen Menschen

Zur Einstimmung auf dieses Märchen kann in die Mitte des Erzählkreises ein Tuch gelegt werden, auf dem einige Birnen liegen. Oder es kann – in einem kleinen Erzählkreis – jedem Einzelnen eine Birne an den Platz gebracht werden, zum Anfassen, Riechen und Erzählen.

Denkbar ist es, nach dem Märchen das bekannte Fontane-Gedicht vorzulesen. Vielleicht wurde es von einigen im Gespräch schon genannt.

Herr von Ribbeck auf Ribbeck im Havelland
von Theodor Fontane (1889)

Herr von Ribbeck auf Ribbeck im Havelland,
Ein Birnbaum in seinem Garten stand,
Und kam die goldene Herbsteszeit

Und die Birnen leuchteten weit und breit,
Da stopfte, wenn's Mittag vom Turme scholl,
Der von Ribbeck sich beide Taschen voll,
Und kam in Pantinen ein Junge daher,
So rief er: „Junge, wiste 'ne Beer?"
Und kam ein Mädel, so rief er: „Lütt Dirn,
Kumm man röwer, ick hebb 'ne Birn."

So ging es viel Jahre, bis lobesam
Der von Ribbeck auf Ribbeck zu sterben kam.

Er fühlte sein Ende. 's war Herbsteszeit,
Wieder lachten die Birnen weit und breit;
Da sagte von Ribbeck: „Ich scheide nun ab.
Legt mir eine Birne mit ins Grab."
Und drei Tage drauf, aus dem Doppeldachhaus,
Trugen von Ribbeck sie hinaus,

Alle Bauern und Büdner mit Feiergesicht
Sangen „Jesus meine Zuversicht",
Und die Kinder klagten, das Herze schwer:
„He is dod nu. Wer giwt uns nu 'ne Beer?"

So klagten die Kinder. Das war nicht recht –
Ach, sie kannten den alten Ribbeck schlecht;
Der neue freilich, der knausert und spart,

Hält Park und Birnbaum strenge verwahrt.
Aber der alte, vorahnend schon
Und voll Mißtraun gegen den eigenen Sohn,
Der wußte genau, was damals er tat,
Als um eine Birn' ins Grab er bat,
Und im dritten Jahr aus dem stillen Haus
Ein Birnbaumsprößling sproßt heraus.

Und die Jahre gingen wohl auf und ab,
Längst wölbt sich ein Birnbaum über dem Grab,
Und in der goldenen Herbsteszeit
Leuchtet's wieder weit und breit.
Und kommt ein Jung' übern Kirchhof her,
So flüstert's im Baume: „Wiste 'ne Beer?"
Und kommt ein Mädel, so flüstert's: „Lütt Dirn,
Kumm man röwer, ick gew' di 'ne Birn."

So spendet Segen noch immer die Hand
Des von Ribbeck auf Ribbeck im Havelland.

Wenn das mit der Küche abgesprochen wird und das Märchen am Schluss des Märchennachmittags platziert ist, könnte der Nachmittag auch mit einem leckeren Nachtisch mit gekochten Birnen beendet werden.

Eine Variante mit sicherlich anderen Assoziationen kann entstehen, wenn sich die unterstützende gegenständliche Präsenz nicht um die Birne rankt, sondern um die weiße Taube. Diese könnte als Porzellanfigur herumgereicht und dann auf einen Platz in die Mitte gestellt werden. Dank der Verbindung zu Hochzeitsbräuchen gibt es Weiße-Tauben-Figuren für wenig Geld auch aus Stoff und anderen Materialien bis hin zu Konditorwaren. Die Assoziationen werden sich dann vielleicht stärker um Hochzeiten drehen, um Liebe und Treue oder auch um spirituelle Themen.

Musikempfehlung

Als Lied könnte „Weiße Rosen aus Athen" von Nana Mouskouri (1961) zum Ausklang passen.[59] Zwar scheint die Assoziationskette nur locker über die Farbe Weiß gegeben, aber der beliebte Schlager spricht in seiner Melan-

59 Musik: Manos Hadjidakis; Text: Hans Bradtke, gesungen von Nana Mouskouri 1961 www.youtube.com/watch?v=ZpJiKL4N3V0. Abgerufen am 16. März 2020.

cholie mit dem Motivfeld von Sehnsucht, Abschied, Schiff, Heimat und Treue etwas an, was vielleicht auch durch das Bild der weißen Taube angestoßen wurde und sich hier noch einmal fortsetzten kann.

„Weiße Rosen aus Athen
Sagen dir ‚Auf Wiedersehen'

...

... Und wieder kommt nun auch
Der Abschied für uns zwei
Nun fährt dein Schiff
Hinaus mit Wind und Wogen
Doch es sind Grüße
Aus der Heimat mit dabei ..."
(Textausschnitt)

5.21 Die Bremer Stadtmusikanten in Lilienthal

Quellen

Neu erzählt von Rosemarie Tüpker nach dem Märchen *Die Bremer Stadtmusikanten* der Brüder Grimm (KHM 27).

Reflexionen

Die Neuerzählung hat einen persönlichen Hintergrund: Durch meine langjährigen Forschungen zum Thema „Musik im Märchen" begegnete mir oft als erste Reaktion auf meinen Forschungsgegenstand: „Ach ja, die Bremer Stadtmusikanten". Dass dies bei vielen Menschen der erste Einfall zum Vorkommen von Musik in Märchen ist, liegt am Titel, an der großen Bekanntheit des Märchen, an der Vermarktung, mit der die Stadt Bremen den Titel des Märchens in ihr Image integriert hat, und an den vielen Bilderbüchern, Illustrationen, Bühnenwerken und plastischen Darstellungen der vier aufeinander stehenden Tiere. Neben der bildlichen Bekanntheit ist es inhaltlich vor allem das Schicksal von vier nicht mehr gewollten Tieren, die sich zusammentun und sich – so die Erinnerung – mit Musik retten, eben damit, dass sie Stadtmusikanten in Bremen werden. Vor dieser sich durchsetzenden Wunschfigur ist fast immer verblasst, dass die Tiere im Märchentext selbst weder in Bremen ankommen noch Stadtmusikanten werden und eigentlich auch überhaupt keine Musik spielen, sondern nur Krach machen und damit die Räuber verjagen. Für meine Forschung spielte das Märchen daher nur eine sehr randständige Rolle. Man möge mir daher nachsehen, dass mich diese Diskrepanz dazu motiviert hat, das Märchen einmal anders ausgehen zu lassen und dem Titel mehr Raum zu geben.

Gleich geblieben ist die Ausgangslage der Tiere, die ihre Funktion erfüllt haben, nun überflüssig geworden sind und getötet werden sollen. Bei aller oberflächlichen Heiterkeit, die mit diesem Märchen und seinen Bildern verbunden ist, kann es doch tiefes Mitgefühl wie auch eigene Betroffenheit auslösen. Auch wenn dies vielleicht übertrieben klingen mag, berührt das Märchen ein Grundproblem der kapitalistischen Gesellschaft, das zugleich tief in die Psychologie des Einzelnen reicht. Was sind wir wert, wenn wir nicht (mehr) funktionieren, nichts (mehr) bringen, nicht (mehr) verwertbar sind? Das betrifft uns alle, wenn wir alt sind, einige ihr Leben lang, weil sie z. B. nicht auf dem normalen Arbeitsmarkt vermittelbar sind und andere dadurch, dass sie aus ihrem beruflichen Kontext herausgeschleudert wurden, z. B. durch Flucht, Vertreibung, Krankheit oder langdauernde Arbeitslosigkeit. Diese sehr ernsten Themen werden von dem Märchen in die Form einer Tierfabel gebracht, die sie erzählbar macht und diejenigen verjagt, denen man solche Verhältnisse zu verdanken hat: den Räubern. Der von mir neu erzählte Schluss verschafft nicht nur der Musik mehr Raum, sondern verbindet dieses existentielle menschliche Thema mit dem sich neu entwickelnden Empfinden Tieren gegenüber, welches sich in den Initiativen spiegelt, unseren „Nutztieren“ einen Lebensabend zu verschaffen. Es gibt sie unter den Bezeichnungen Gnadenhof, Lebenshof oder auch Tierasyl.

Verwendung und Gestaltung

Von der erhalten gebliebenen Grundthematik her passt das Märchen zu allen hier angesprochenen Arbeitsbereichen. In gewisser Weise „befangen“ möchte ich es den Nutzer*innen dieses Buches überlassen, ob sie ausprobieren möchten, diese veränderte Fassung des Märchens in ihrer Arbeit zu verwenden.

Literatur

Aichele, Walter; Bock, Martin (Hrsg.) (1962): *Zigeunermärchen.* Diederichs-Reihe „Märchen der Weltliteratur“. Diederichs, Düsseldorf [Aktuelle Auflage 1991].

Andersen, Hans Christian (2010): *Andersens Märchen.* Vollständige Ausgabe. Aus dem Dänischen von Mathilde Mann. Anaconda, Köln.

Baker, E. D. (2004): *Esmeralda, Froschprinzessin.* Ins Deutsche übertragen von Susanne Härtel. Beltz & Gelberg, Weinheim. [Englisches Original: The Frog Princess. Bloomsbury, London 2002].

Bechstein, Ludwig (2003): *Sämtliche Märchen.* Patmos & Albatros Verlag, Düsseldorf. Open source: https://de.wikisource.org/wiki/Ludwig_Bechstein

Boratav, Pertev Naili (1968): *Türkische Volksmärchen.* 2. Auflage. Akademie-Verlag, Berlin.

Colberg, Erich (1951) in: Hedwig von Lölhöffel: *Pif Paf Poltrie und die schöne Katrinelje. Ein Kreisspiel für Kinder.* Die Schulreihe Heft 64. Deutscher Laienspiel-Verlag, Rotenburg an der Fulda.

Ficowski, Jerzy (Hrsg.) (1985): *Ein Zweig vom Sonnenbaum. Märchen der polnischen Zigeuner.* Aufgezeichnet und erzählt von Jerzy Ficowski. Übersetzung Karin Wolff. Neukirchener junge Serie, Neukirchen-Vluyn.

Fonagy, Peter et al. (2004): *Affektregulierung, Mentalisierung und die Entwicklung des Selbst.* Klett-Cotta, Stuttgart.

Ganß, Michael; Narr, Barbara (Hrsg.) (2010): *Alt und Jung im Pflegeheim. Intergenerative Projekte mit Malen, Werken und Theater.* Intergenerative Projekte in der stationären Altenhilfe. Mabuse, Frankfurt am Main.

Gernet, Katharina (2017a): *Mein Märchen-Buch in Leichter Sprache: 6 Märchen der Brüder Grimm.* Don Bosco, München.

Gernet, Katharina (2017b): *Märchen erzählen in Leichter Sprache. Das Praxisbuch: Mit Methoden, Regeln und 12 ausgearbeiteten Märchen.* Don Bosco, München.

Greger, Birgit R. (2001): *Generationenarbeit: Altenpflege professionell.* Urban & Fischer, München & Jena.

Grimm, Jacob & Wilhelm (1812 bis 1858): *Kinder- und Hausmärchen.* Open source: https://de.wikisource.org/wiki/Kinder-_und_Hausmärchen

Hempel, Gertrud (2003): *Erzählt Volksmärchen.* Wilfried Nold, Frankfurt am Main.

Janosch (1986): *Janosch erzählt Grimm's Märchen.* Beltz & Gelberg, Weinheim & Basel.

Jonasson, Jonas (2009): *Der Hundertjährige, der aus dem Fenster stieg und verschwand.* Penguin, München.

Jung, Mathias (2011): *Das hässliche Entlein. Die Erlösung vom Minderwertigkeitskomplex.* 2. Auflage. emu, Lahnstein.

Jung-Stilling, Johann Heinrich (1997): *Henrich Stillings Jugend, Jünglingsjahre, Wanderschaft und häusliches Leben.* Bibliographisch ergänzte Ausgabe. Reclam, Stuttgart.

Kohut, Heinz (1979): *Die Heilung des Selbst.* suhrkamp, Frankfurt am Main.

Lölhöffel, Hedwig von (1951): *Pif Paf Poltrie und die schöne Katrinelje. Ein Kreisspiel für Kinder von Hedwig von Lölhöffel.* Die Schulreihe Heft 64. Deutscher Laienspiel-Verlag, Rotenburg an der Fulda.

Lutkat, Sabine (2015): *Ein Koffer voller Märchen. Märchen für Kinder ab 4 Jahren.* Königsfurt-Urania, Krummwisch bei Kiel.

MacDonald, Margaret Read (1999) (Hrsg.): *Traditional Storytelling Today.* Fitzroy Dearborn Publishers, Chicago & London.

Marchand, Marlis (2012): *„Gib mir mal die große Pauke ..." Musikalische Gruppenarbeit im Altenwohn- und Pflegeheim. Ein Praxisbuch.* Waxmann, Münster.

Merkel, Johannes (2015): *Hören, Sehen, Staunen. Kulturgeschichte des mündlichen Erzählens.* Georg Olms, Hildesheim, Zürich & New York.

Neisser, Friedrich (Hrsg.) (o.J.): *Märchen aus Enzenkirchen.* Neu herausgegeben von Roger Michael Allmannsberger, Österreich 2007.

Nordoff, Paul; Robbins, Clive (1969): *Pif-Paf-Poltrie. A musical working game for children.* Theodore Presser Company, King of Prussia.

Nordoff, Paul; Robbins, Clive (1980): *The Fifth Book Of Children's Play-Songs.* Theodore Presser Company, King of Prussia.

Nowack, Katharina (2018): *Mit offenen Ohren: Wahrnehmung und Gestaltung auditiver Milieus in Einrichtungen für Menschen mit Demenz.* Wissenschaftliche Schriften der Westfälischen Wilhelms-Universität, Münster. Volltext Permanentlink: https://nbn-resolving.org/urn:nbn:de:hbz:6-97179530501

Nowák, M.; Ćerná, Z. (Hrsg.) (1970): *Japanische Märchen und Volkserzählungen.* Dausien, Prag & Hanau am Main.

Paul, Oliver (2020): *Wenn der Spielraum verloren geht. Zum Belastungserleben von Eltern geistig behinderter Kinder und zum kurativen Potential der Musiktherapie.* Wiesbaden: Reichert.

Perlet, Gisela (2005): *Hans Christian Andersen.* Suhrkamp Verlag, Frankfurt am Main.

Perrig, Severin; Mazenauer, Beat (2012): *Ewige Erzählungen. Die Gattung Grimm und der Dummling.* Literaturkritik: https://literaturkritik.de/id/17420. Abgerufen am 13. März 2020.

Petzoldt, Leander (Hrsg.) (1994): *Musikmärchen.* Fischer Taschenbuch, Frankfurt am Main.

Phelps, Ethel Johnston (Hrsg.) (1978): *Tatterhood and Other Tales.* The Feminist Press, New York.

Piaget, Jean (1988): *Das Weltbild des Kindes.* Deutscher Taschenbuch Verlag, München.

Purschke, Hannah (2018): *Die Reise ins (Un-)Bekannte – Eine psychologische Märchenanalyse.* Masterarbeit im Master Klinische Musiktherapie. Universität Münster. Online verfügbar unter www.uni-muenster.de/Musiktherapie/Literaturdienst/bestellservice.html

Ranke, Kurt; Brednich, Rolf Wilhelm et al. (Hrsg.) (1977–2015): *Enzyklopädie des Märchens. Handwörterbuch zur historischen und vergleichenden Erzählforschung.* 15 Bände. De Gruyter, Berlin.

Remané, Lieselotte (Hrsg.) (1970): *Jugoslawische Märchen.* Altberliner Verlag, Berlin.

Scherf, Walter (1995): *Das Märchenlexikon.* 2 Bände. Beck, München.

Sendker, Jan-Philipp (2017): *Das Geheimnis des alten Mönches. Märchen und Fabeln aus Burma.* 2. Auflage. Blessing, München.

Sonntag, Jan (2016): *Demenz und Atmosphäre. Musiktherapie als ästhetische Arbeit.* Mabuse, Frankfurt am Main.

Storm, Theodor; Wenz-Vietor, Else (Illustrationen) (1926): *Der kleine Häwelmann.* Stalling, Oldenburg.

Strätling, Ulrike; Ottkowski, Petra (Illustrationen) (2016): *Die schönsten Märchen der Brüder Grimm: nacherzählt für Menschen mit Demenz.* Brunnen Verlag, Gießen.

Tüpker, Rosemarie (2001): Musiktherapeutische Konzepte mit alten Menschen. In: Rosemarie Tüpker; Hans Hermann Wickel (Hrsg): *Musik bis ins hohe Alter.* Lit, Münster. [Neuauflage: Books on Demand, Nordersteht 2009, 87–142]

Tüpker, Rosemarie (2009): *Durch Musik zur Sprache.* Books on Demand, Norderstedt.

Tüpker, Rosemarie (2010): *Musiktherapie mit einem 15-jährigen Jungen mit einer Zwangsneurose.* Online-Veröffentlichung: Universität Münster. www.uni-muenster.de/imperia/md/content/musikpaedagogik/musiktherapie/pdf-dateien/tuepker_falldarstellung_bernd_zwangsneurose.pdf. Abgerufen am 13. März 2020.

Tüpker, Rosemarie (2011): *Musik im Märchen.* Reichert, Wiesbaden.

Uhlich, Veronika (2019): Märchen und Demenz. Von vergessenen Welten und gefundenen Königreichen. In: Harlinda Lox; Sabine Lutkat: *Vergessen und Erinnern im und mit Märchen. Forschungsbeiträge aus der Welt der Märchen.* Königsfurt-Urania, Krummwisch, S. 76–87.

Wickel, Hans Hermann; Hartogh, Theo (2006): *Musik und Hörschäden. Grundlagen für Prävention und Intervention in sozialen Berufsfeldern.* Juventa, Weinheim.

Wlislocki, Heinrich von (1890): *Vom wandernden Zigeunervolke. Bilder aus dem Leben der Siebenbürger Zigeuner. Geschichtliches, Ethnologisches, Sprache und Poesie.* Richter, Hamburg.

Zaunert, Paul (Hrsg.) (1951): *Die Zauberflöte.* Märchen der europäischen Völker. Eugen Diederichs, Düsseldorf [Aktuelle Auflage 1995].

Märchen-Onlineplattformen

Hekaya: https://hekaya.de/maerchen/
Märchenbasar: http://maerchenbasar.de/
Sagen.at: http://www.sagen.at/
Wikisource Märchen: https://de.wikisource.org/wiki/Märchen

Abbildungsverzeichnis und Bildnachweise

Alle enthaltenen Abbildungen sind gemeinfrei, da ihre urheberrechtliche Schutzfrist abgelaufen ist.

Verwendete Abkürzungen

KHM	Kinder und Hausmärchen der Brüder Grimm
ATU	Aarne-Thompson-Uther-Index (Klassifikation von Märchen in der vergleichenden Märchenforschung)